생각의 창, 키노아이

-영화 속의 철학 II-

생각의 창, 키노아이

-영화 속의 철학 II-

박병철 지음

서광사

생각의 창, 키노아이
−영화 속의 철학 II−
박병철 지음

펴낸이 ─ 김신혁, 이숙
펴낸곳 ─ 도서출판 서광사
출판등록일 ─ 1977. 6. 30.
출판등록번호 ─ 제 406-2006-000010호

(413-756) 경기도 파주시 교하읍 문발리 534-1
Tel: (031)955-4331 / Fax: (031)955-4336
E-mail: phil6161@chol.com
http://www.seokwangsa.co.kr / http://www.seokwangsa.kr

제1판 제1쇄 펴낸날 · 2009년 6월 20일

ISBN 978-89-306-0222-8 93100

책머리에

　서광사에서 《영화 속의 철학》을 낸 지 8년이 지났다. 당시에도 영화를 철학과 엮은 책이 있었지만, 비전공자들에게 철학을 소개하려는 시도의 일환으로 영화를 파고 든 책은 거의 없었던 것으로 기억한다. 2001년 여름에 책이 나왔을 때 동료 학자 한 분으로부터 "이 책에는 영화도 없고, 철학도 없다"는 평을 들었다. 나는 그 평을 듣고 매우 흡족했다. 내가 그 책을 쓴 의도를 가장 정확하게 짚어 낸 표현이었기 때문이다.

　지금은 철학을 연구하고 가르치는 입장에 있지만, 대학생 시절에는 수업 시간에 읽었던 철학 개론이나 철학사를 다룬 책들을 제대로 이해하지 못했다. 그런 종류의 책들은 너무 어려웠기 때문이다. 내가 철학적 자질이 부족하거나 다른 사람들에 비해 이해가 느려서 그랬을지도 모른다. 그러나 나는 요즘 나오는 교양적 성격의 철학 책들을 읽을 때에도 종종 어려움을 느낀다. 교양의 눈높이가 어디쯤인지를 가늠하기는 쉽지 않다. 그러나 철학을 업으로 하고 있는 사람이 철학적 내용을 다룬 교양서를 읽는 데 어려움을 느낀다면 문제가 있는 것이 아닐까?

　철학은 암기과목이 아니다. 그리고 지식을 전달하는 과목도 아니다. 소크라테스의 전통을 따라 칸트에서 확인되고 비트겐슈타인과 같은 20세기 철학자들이 몸소 실천했듯이 '철학'은 가르칠 수 없다. 다만 '철학하기'만이 가르쳐질 수 있을 뿐이다. 그런 정신에서 《영화 속의 철학》을 쓸 때 본문에서 많은 철학자의 이름을 거론하지 않았다. 독자들이 읽고 철학적인 사고의 흐름을 익힌 뒤 본격적으로 철학에 관심을 가지게 되면 좋겠다고 생각했기 때문이다.

영화에 대해서도 마찬가지다. 영화를 잘 감상하고 그 가치를 평가하기 위해서 루돌프 아른하임이나 앙드레 바쟁의 이론을 꿰고 있을 필요는 없다. 난해한 기호학적 영화이론을 미리 알고 있어야 할 필요는 더욱 없다. 하지만 개별 영화들을 바라보고 이해하는 다양한 방식이 있다는 것을 알게 된다면, 그래서 영화라는 매체와 예술형식에 대해서 더 많이 알고 싶어진다면, 그런 자극을 일으키는 책의 필요성은 충분히 인정된 것이다.

이제 8년 만에 영화를 철학으로 풀어내는, 아니면 철학을 영화로 풀어내는 또 다른 책을 내게 되었다. 영화나 철학의 전문가가 본다면 역시 이 책에도 영화나 철학은 없을지 모른다. 실제로 거장 소리를 듣는 영화감독들의 작품은 몇 편 소개되지 않는다. 대신 상업적인 영화들에서도 미묘한 사고의 꿈틀거림을 찾을 수 있음을 보이고자 했다. 어차피 상업영화는 많은 사람들이 공감하는 것이고, 우리의 일상과 직접적인 관련이 있는 이야기들이기 때문이다. 게다가 이 책에는 이전보다 철학자 이름과 철학의 이론들이 덜 나온다. 대신 영화를 매개로 하여 해 볼 수 있는 철학적 사고의 전형과 사례들에 더 초점을 맞추었다. 어차피 철학하기란 유행하는 사조나 철학자들의 이름을 거론하는 것과는 거리가 멀기 때문이다.

이 책의 원고가 컴퓨터의 하드 디스크에서 책으로 인쇄되어 세상

빛을 보게 되기까지 많은 분들의 도움이 있었다. 일일이 다 열거할 수 없으나 이 책의 출판을 기꺼이 허락하고 여러모로 애쓰신 서광사의 김찬우 부장님과 세심하고 꼼꼼한 교정으로 원고의 완성도를 높여 주신 편집부 신미진님께 진심으로 감사의 말씀을 드린다. 책의 줄거리를 이어가는 데 영감의 원천이 되어 준 딸 수아와 마치 여러 인격을 지닌 사람처럼 무척 바쁘게 살아가면서도 든든한 응원자가 되어 준 아내에게 고마움을 전한다.

2009년 5월

박병철

목차

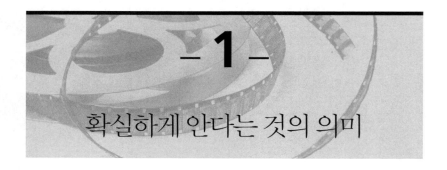

확실하게 안다는 것의 의미

라쇼몬
(羅生門, 1950)
구로사와 아키라 감독

토탈 리콜
(Total Recall, 1989)
폴 버호벤 감독

20년 전 나는 대학원생이었다. 영화에 전혀 관심이 없었던 것은 아니지만 그전에는 영화를 진지하게 대하지는 않았었다. 우리나라에는 1990년대까지만 해도 이른바 동시상영관이라 불리는 영화관들이 많이 있었다. 동시상영 하면 영화 두 편을 '동시에' 상영한다는 느낌을 주지만, 실은 한 영화관에서 영화 두 편을 순차적으로 번갈아 가며 상영하는 것을 뜻했다. 요즘으로 치면 '교차상영'에 해당할 텐데 멀티플렉스 영화관이 없었던 당시에 영화관은 개봉 영화를 상영하는 개봉관과 개봉관에서 내린 영화들을 다시 상영하는 재개봉관으로 나누어져 있었고, 주로 재개봉관에서 동시상영을 했다.

　학부생 때 가끔 재개봉관을 갔다. 007 시리즈 같은 할리우드 오락물과 이른바 질 낮은 방화가 교차로 상영되는 영화관은 그냥 시간을 때우는 장소이기도 했고, 시위와 최루가스로 범벅이 된 대학 캠퍼스의 암울한 현실로부터 잠시나마 도피할 수 있는 또 다른 어둠의 공간이기도 했다. 영화과를 다닌 것도 아니고, 영화에 대해 달리 진지해지기란 불가능했다. 아마도 가장 진지하게 감상한 영화는 마이클 치미노 감독의 〈디어 헌터〉였던 것 같다.

그러던 중 영화에 대해 다시 생각하게 된 계기는 대학을 졸업하고 미국 유학 중이었던 1987년 가을의 어느 철학 수업이었다. 인식론 수업이었는데 강의하던 교수님이 불쑥 구로사와 아키라 감독의 〈라쇼몬〉을 언급하기 시작했다. 그리고는 질문이 날아왔다. "자네 〈라쇼몬〉 봤나?" 구로사와 감독이 거장이라는 얘기는 들었지만, 일본 문화가 개방되기 전이었는지라 한국에서는 〈라쇼몬〉을 볼 방법도 없었던 터였다. "아니요"라고 답하자 다시 교수님의 말씀이 되돌아왔다. "그 영화는 꼭 봐야 하네."

인식론이란 'epistemology'의 번역어다. 'epistemology'의 어원은 지식을 뜻하는 고대 그리스어 'episteme'에서 왔다. 그래서 인식론을 지식의 이론(theory of knowledge)이라고도 한다. 누구나 무엇인가를 알고 있고 또 알 수 있다. 그 앎을 한자어로 지식(知識)이라고 하며, 지식의 이론은 우리 지식의 본성, 영역, 그리고 한계에 대해서 연구하는 철학의 한 분야다. 바로 그 인식론 수업 시간에 〈라쇼몬〉 이야기가 나왔다. 그리고 꼭 봐야 할 영화라니 뭔가 대단히 철학적인 깊이가 있는 영화 같았고, 나는 이내 비디오 대여점을 찾았다.

중세 일본을 배경으로 한 〈라쇼몬〉은 한 나무꾼이 산속에 나무하러 갔다가 목격한 사건의 재판에 대해 승려와 지나가는 사람에게 이야기

라쇼몬 (羅生門; Rashomon, 1950)

하는 내용으로 이루어져 있다. 그 이야기는 산길을 가다가 산적을 만
난 부부에 관한 것이다. 그런데 이 영화를 통해 확실하게 알 수 있는
것은 산적이 여인을 겁탈했다는 것과 그 결과 남편이 죽게 되었다는
것뿐이다. 어떻게 그런 결과가 일어나게 되었는지에 대한 각자의 증

언이 다르기 때문이다.

먼저 산적의 증언에 따르면, 숲 속에서 부부와 마주치게 되었는데 여인의 미모에 매혹되어 남편을 묶어 두고 여인을 범했다. 그러자 여인은 이제 남편과 산적 두 남자를 다 섬길 수 없으니 둘 중의 하나는 죽어야 한다고 산적에게 호소했고, 그 결과 명예로운 결투 끝에 힘겹게 남편을 죽이게 된 것이라고 주장한다. 죽이고 나자 여인은 도망가고 없었다는 것이다.

이에 대해 여인은 산적이 자신을 강제로 범했으며, 그 후 남편의 칼을 가지고 사라졌다고 진술한다. 산적이 떠난 뒤 남편을 풀어 주고 보니 그는 노여움이나 슬픔이 아닌 오직 혐오스럽고 차가운 경멸의 눈빛으로 자신을 바라보았다고 한다. 여인은 남편에게 차라리 죽여 달라고 했지만 남편이 묵묵부답이어서, 모욕을 견디지 못해 남편을 찔러 죽였다고 증언한다. 여인은 연못에서 자살을 시도했지만 실패했다고 한다.

일어난 사건은 분명 하나일 텐데 벌써 한 남자의 죽음과 관련하여 상반된 진술이 오고 갔다. 실제로 어떤 일이 일어난 것일까? 영화는 이제 무당의 힘을 빌어 죽은 남편의 영혼을 재판에 등장시켜 진술토록 한다. 남편(의 영혼)은 산적이 아내를 범한 뒤 남편을 버리고 자신과 떠나자는 제안을 했다고 한다. 겁탈당했지만 산적에게 반한 여인은 그에게 남편을 죽이고 자신을 데리고 가 달라고 애원했다는 것이다. 산적이 거부하자 여인은 도망치고 자신은 수치심에서 자살했다고 한다.

이렇게 사건에 연루된 세 사람 모두 자신이 남편을 죽였다고 주장하는 황당한 상황이 전개된다. 그러나 이들 증언만으로는 무엇이 남편을 죽음에 이르게 했는지 불분명하다. 세 사람의 증언을 소개한 뒤

영화는 이 사건의 유일한 목격자인 나무꾼의 이야기를 들려준다. 사건에 말려들고 싶지 않아 재판에서는 진실을 말하지 않았다는 이 나무꾼의 진술 역시 위의 세 가지 버전과 조금 다르다.

나무꾼은 산적이 여인을 범한 뒤 울고 있는 여인 앞에 무릎을 꿇고 아내가 되어 달라고 빌었다고 말한다. 여인은 답할 수 없으니 남편과 결투를 하라고 제안하지만 두 남자는 그 제안에 냉소적으로 반응한다. 남편이 여인을 향해 남편 아닌 남자와 관계를 맺은 아내는 자결해야 마땅하다고 소리치자, 여인은 남편에게 진정한 남자라면 산적을 죽여야 남자다운 것이라고 반격한다. 여인은 산적에게도 남자라면 칼로 여자를 차지해야 하는 것이라고 말하자 결국 두 남자는 떠밀리듯 결투에 응하고 그 결과 산적이 남편을 죽이게 되었다는 것이다. 이에 산적은 여인을 데리고 가려 했지만 여자는 거부하고 도망쳤다는 것이다.

자, 이쯤 되면 유일한 목격자인 나무꾼의 진술이 가장 믿을 만한 것이 아닐까? 하지만 영화 속 대화자 중의 하나인 지나가는 사람은 나무꾼 역시 거짓말을 하고 있다고 주장한다. 그가 진주가 박힌 여인의 단도를 빼돌리고 그것을 은폐하기 위해 거짓 진술을 하고 있다는 것이다. 나무꾼 역시 그러한 추궁에 신뢰를 얻을 만한 답변을 내놓지 못한다. 게다가 영화 속 법정에서는 산적과 여인에게 남편을 살해한 죄에 대한 판결을 내리지도 않는다.

영화는 그렇게 끝났다. 이 영화를 처음 본 1987년의 가을, 나는 철학적 관점에서 이 영화의 내용을 곰곰이 생각해 보기 시작했다. 1950년에 흑백으로 찍은, 큰 예산 안 들었을 법한 이 영화는 도대체 철학적으로 무슨 의미가 있는 것일까? 비록 인식론 수업에서 언급된 영화이

생각의 창, 키노아이
14

긴 하지만, 지식의 문제 외에도 〈라쇼몬〉은 여러 철학적 주제들을 건드리고 있다는 생각이 들었다. 좀 넓게 보면 이 영화는 인간의 본성에 대해 묻고 있다고 볼 수도 있을 것 같았고, 인간의 도덕성은 어떤 것인가를 묻는다고 볼 수도 있을 것 같았다.

문제를 좁혀 들어가면 과연 그 날 산속에서 무슨 일이 일어났는가를 중심으로 이야기가 전개된다는 점에서 진실(철학적으로 말하면 진리)에 관한 영화라고 할 수도 있겠다는 생각이 들었다. 우리는 언제나 진실(진리)을 밝혀야 한다고 생각하지만, 영화는 과연 진실(진리)을 밝힐 수나 있는 것인지 심각하게 되묻고 있는 듯했다. 바로 이 문제는 인식론과 직접적으로 관련되는 것인데, 그것은 우리가 무엇을 정확하게 아는 것이 가능한지에 대해 의문을 제기하기 때문이다. 무엇을 정확하게 알려고 노력하지만 인간은 오류로부터 자유롭지 못하기 때문에 언제나 잘못 알 수 있고, 따라서 영화는 절대적으로 객관적 지식을 가질 수 있는가에 대해 묻는다고 볼 수도 있다고 나는 생각했다.

영화에서는 분명히 여인이 산적에게 겁탈당하고 그 결과 남편이 죽는 사건이 일어났다. 그만큼은 확실해 보인다. 적어도 그만큼은 누구나 동의할 수 있는 사실이며, 그러한 사건에 대해서 우리는 확실하게 안다고 말할 수 있다. 그러나 그 사건이 어떻게 일어났고 남편이 어떻게 죽음에 이르게 되었는지에 대해서는 확실하고 정확하게 알 수가 없다.

당시에 미국 드라마 〈CSI〉에서 보는 것과 같은 과학수사가 가능했던 것도 아니고 영화가 보여 주는 상황에서는 아무리 현명한 재판관이라도 사건의 전모를 파악하기가 쉽지는 않아 보인다. 사건 현장에 있었던 네 명의 진술이 다르기 때문이다. 이 중 누군가가 진실을 말하고 있다면, 나머지 세 명은 거짓말을 하고 있는 것이다. 아마도 각자의 입장에 따라 사건을 왜곡하고 있을지도 모른다. 어쩌면 세계에 대한 지식과 정보를 받아들이는 데 있어서 사람마다 어떤 관점에 서는가, 또 어떤 선입관을 가지고 있는가에 따라 동일한 정보를 다르게 취할 수 있을 것이다.

　나는 만약 〈라쇼몬〉이 다루고 있는 내용을 우리가 확실한 지식에 도달할 수 있는가의 문제로 국한시킨다면 그것은 인식론의 주요 주제 중의 하나인 회의주의의 문제로 이끌기에 충분하다고 생각했다. 나는 수업 시간에 배운 내용을 다시 떠올렸다. 철학에서 말하는 회의주의(skepticism)는 고대 그리스 철학에서 이미 등장할 정도로 그 역사가 오래되었다. 또한 많은 철학자들이 인식론이라고 부르는 철학의 분야의 상당 부분이 다양한 형태의 회의주의를 옹호하거나 반론을 제시하는 과정에서 생겨났다고 말할 정도로 인식론에서의 비중이 크다.

　회의주의와 관련된 주장을 간단하게 살펴보면 다음과 같다.

(1) 우리는 확실한 지식에 도달할 수 있다.
(2) 우리는 확실한 지식에 도달할 수 없다.
(3) 우리는 우리가 확실한 지식에 도달할 수 있는지 없는지에 대해서 알 수 없다.

　위의 세 주장은 전부 '알 수 있다, 없다'의 문제인 것처럼 보인다. (1)은 무엇인가에 대해 확실히 알 수 있다는 주장이고, (2)는 알 수 없다는 주장이다. 회의주의 하면 보통 알 수 없다는 주장인 것으로 생각하기 쉽다. 하지만 원래 회의주의는 (1)이 옳은지 (2)가 옳은지 알 수 없다는 생각에서 유래했다.

회의주의를 뜻하는 'skepticism'은 '주의 깊게 살펴봄'의 뜻을 지닌 고대 그리스어 'Skeptikoi'에서 나왔다. 이 말은 고대 그리스의 철학자 피론(Pyrrhon)의 추종자들인 피론주의자들에 의해 처음 사용되었는데, 그들은 진리에 도달할 수 있는지 없는지 알 수 없기 때문에 계속해서 탐구해야 한다는 입장을 취한 것으로 전해진다. 후대에 피론주의를 연구한 책을 쓴 섹스투스 엠피리쿠스(Sextus Empiricus)는 회의주의자를 '탐구하는 사람'으로 규정했다. 그에 따르면, 회의주의자는 철학의 물음들을 탐구하는 사람인데, 서로 상반된 태도와 견해 및 주장들 사이의 차이들을 해결할 수 없기 때문에 판단을 유보하는 사람이라고 한다.

나는 이러한 회의주의의 아이디어가 〈라쇼몬〉에 그대로 적용될 수 있다고 생각하게 되었다. 우리는 (1)의 주장처럼 보통 일어난 사건에 대해서 정확하고 확실하게 알 수 있다고 생각한다. 영화가 보여 주는 산속에서 일어난 사건도 마찬가지다. 그런데 사건에 연루된 사람들의 진술을 듣고 보니 단순히 (1)의 주장에 동조하기가 어려워 보인다. 산속에서 정확하게 어떤 일이 벌어졌는지를 확실히 알 수 없을 것처럼 보이기 때문에, 우리는 (2)의 주장이 맞다고 생각해야 할 것 같다.

하지만 만약 (2)의 주장을 받아들인다면, 우리는 어떠한 사건에 대해서도 그 실체를 파악할 수 없다는 이야기 밖에 되지 않는다. 그런데 영화는 추가로 산속에서 벌어진 일을 있는 그대로 관객에게 보여 주는 시퀀스를 삽입할 수도 있었겠지만 그렇게 하지 않았다. 그것은 아마도 진정 산속에서 무슨 일이 어떻게 일어났는지를 우리가 정확히 알 수 있는지의 문제를 관객들이 스스로 곰곰이 생각해 보라는 감독의 의도 때문은 아닐까? 만약 그렇다면 나는 영화가 (2)의 주장 대신

(3)의 주장을 넌지시 드러내고 있는지도 모른다고 생각했다.

인식론 수업 시간에 언급된 영화를 직접 본 후에 이어진 나의 철학적 사유는 회의주의의 문제를 다시 생각하게 해 주었고, 결과적으로는 영화라는 영상매체를 좀 더 진지하게 바라보게 해 주었다. 나는 원래 사람들이 말하는 "꼭 읽어 보아야 한다"나 "꼭 해 봐야 한다"와 같은 이야기에 크게 관심을 두지 않는 편이지만, 수업에서 들었던 "꼭 봐야 한다"는 교수님의 말씀은 영화를 바라보는 나의 태도를 완전히 바꾸어 놓았다. 영화를 통해 오락을 소비하는 즐거움 외에 철학의 즐거움 또한 느끼게 되었으니 말이다.

아주 오래 전에 겪은 에피소드를 통해 내가 말하려고 하는 것은 영화가 철학을 이해하는 데 도움을 주는 하나의 텍스트로 훌륭하게 활용될 수 있다는 점이다. 여기서 나는 〈라쇼몬〉을 만든 구로사와 아키라 감독이 철학적 회의주의에 대해서 아주 잘 알고 있었다거나 〈라쇼몬〉이라는 영화가 회의주의의 문제를 보여 주기 위해 만들어졌다고 말하려고 하는 것은 아니다. 나는 철학적 문제들이 우리의 삶에서 벌어지는 일들과 아주 동떨어진 먼 나라 이야기가 결코 아니라는 것을 말하고 싶은 것이다. 20년 전 대학원을 다니던 철학도로서 〈라쇼몬〉에서 내가 느꼈던 것은 바로 그런 것이었다.

어떤 사람들은 다음과 같은 반론을 제기할지도 모르겠다. "만들어진지 60년 가까이 된 흑백영화를 재미없어서 어떻게 보란 말인가. 게다가 내용도 복잡하고 도무지 무슨 얘기를 하려는 건지 모르겠다. 철학도 어렵지만, 철학을 이해하기 위해 또다시 그런 골치 아픈 영화를 보아야 하는가."

일리가 있는 말이다. 요즘은 컴퓨터 그래픽을 이용한 화려한 특수 효과와 빠른 편집으로 사람의 눈을 사로잡는 정말로 재미난 영화들이 수두룩한데 〈라쇼몬〉 같은 영화를 보다가는 10분 이내에 졸기 시작할지도 모르는 일이다. 어렵게 느껴지는 철학적 아이디어를 영화에서 엿보기 위해서 구태여 재미없는 예술 영화를 보아야 하는 것일까? 바로 〈라쇼몬〉을 보고 난 후 영화에 대해 진지해지기 시작한 내가 이어서 묻게 된 질문이었다.

내가 내린 결론은 결코 그렇지 않다는 것이었다. 그야말로 영화를 오락 이상의 것으로 바라보게 된 나는 여유가 생기면 영화관이나 비디오 대여점을 찾게 되었다. 프리츠 랑의 〈메트로폴리스〉, 페데리코 펠리니의 〈달콤한 인생〉, 장 뤽 고다르의 〈경멸〉과 같은 영화사(史)의 거장들의 작품에서부터 〈새엄마는 외계인〉, 〈완다라는 이름의 물고기〉, 〈애들이 줄었어요〉처럼 감독의 이름을 기억하기 어려울 정도의 오락물이나 장르영화까지 가리지 않고 보게 되었다. 그 결과 나는 보통 예술영화라고 불리는 것들이나 대중적인 B급 영화나 똑같이 진지한 철학적 사색의 대상이 될 수 있다는 생각을 하게 되었다.

〈라쇼몬〉과 같이 영화사에서 몇 손가락에 꼽을 만한 무게감 있는 작품이 아니라도 인식론에서 다루는 회의주의와 같은 비중 있는 철학적 문제를 생각하게 해 주는 영화들은 얼마든지 찾을 수 있었다. SF 영화 〈토탈 리콜〉이 그런 사례에 속한다. 화성을 개척한 미래 사회를 배경으로 한 이 영화는 대중적인 장르 영화이며 약 6천 5백만 달러의 제작비가 소요된 블록버스터 영화다. 이 영화는 무척 재미있을 뿐 아니라 철학도인 나에게 생각해 볼 거리를 충분히 제공했다.

〈토탈 리콜〉을 감상한 나는 이 영화가 〈라쇼몬〉 못지않게 심각한 철학적 질문을 던지고 있다는 것을 알 수 있었다. 사람이 화성을 개척한 미래를 배경으로 하는 이 영화에서 가장 눈에 띄는 점은 기억이 상품화되어 누구나 원한다면 다른 사람의 기억을 이식받을 수 있다는 것이었다. 리콜이라는 회사는 바로 그런 가상기억 혹은 다른 사람이 이미 경험한 것에 대한 기억을 상품화하여 판매하고 있다. 화성여행을 해 보고 싶지만 여건상 직접 갈 수 없는 사람은 리콜을 방문하여 이미 화성여행을 다녀온 사람의 기억을 대신 이식받으면 된다. 그렇게 하면 직접 화성여행을 한 것이나 다름없는 대리 체험을 하게 된다.

만약 영화의 플롯이 그러한 대리 체험에서 끝나는 것이었다면, 나는 아마도 그런 기억 이식이 가능할 것인지에 대한 의문만을 품었을 것이고 영화가 제공하는 화려한 액션 장면에 더 흥미를 느끼고 말았을 것이다. 하지만 이 대작 할리우드 영화는 기억 이식이 가져다줄 수 있는 가능한 상황을 철학적으로 더 깊숙이 밀고 나가는데 성공했고, 바로 그러한 철학적 아이디어를 영상화하여 보여 주고 있다는 생각이 들자 나는 흥분하지 않을 수 없었다.

리콜과 같은 회사에서 기억을 상품화하여 다른 사람에게 이식하는 기술력을 갖추고 있다면, 아마도 아예 한 사람의 기억을 송두리째 지우고 다른 사람의 기억을 대신 이식하는 것이 가능할 수도 있지 않을까? 영화는 바로 그 부분까지 스토리를 밀고 나가고 있었다.

영화의 앞부분에서는 주인공 더글러스 퀘이드(아널드 슈워제네거)가 화성여행에 대한 기억을 이식받고 싶어서 리콜을 찾아가는 이야기가 나온다. 그는 일생에서 단 며칠간 다른 사람의 기억을 체험하고 싶었던 것이다. 하지만 영화의 스토리가 진행되면서 사실은 퀘이드의 기억은 원래 자신의 기억이 아니라 처음부터 끝까지 다른 사람의 것

토탈 리콜 (Total Recall, 1989)

이 이식된 것임이 밝혀진다.

그 사실을 알게 된 퀘이드는 혼란에 빠진다. 그는 금발인 미모의 아내 로리(샤론 스톤)와 단란한 가정을 꾸려 나가는 노동자로 살아왔는데, 어느 날 갑자기 그 모든 것이 이식된 기억일 뿐이라는 것이 밝혀진 것이다. 그녀의 아내 로리는 "미안해, 퀘이드. 당신의 인생은 그저 꿈에 불과해"라고 냉정하게 말한다. 당혹감을 감추지 못한 퀘이드는 다음과 같이 반문한다. "좋아. 내가 진짜 내가 아니라면 난 도대체 누구지?"

나는 이 대사를 듣는 순간 이 영화가 다시금 회의주의의 문제를 건

확실하게 안다는 것의 의미

드리고 있다고 생각했다. 사람들은 다른 것은 몰라도 자기 자신에 대해서는 가장 확실하게 안다고 생각한다. 나는 나의 이름과 나이, 직업, 좋아하는 것과 싫어하는 것, 버릇은 물론 신체적 특징과 은밀하게 간직하고 있는 비밀에 이르기까지 가장 확실하게 안다고 생각한다. 나와 가장 가까운 부모, 형제, 그리고 자식에 대해서도 때로는 그들이 무슨 생각을 하고 있는지 잘 모를 때가 많지만, 나 자신에 대해서만큼은 가장 확실한 지식을 지니고 있다고 생각한다.

그런데 내가 가진 기억이 진짜 나의 것이 아니라 다른 사람의 기억이 이식된 것이라면 어떻게 될까? 아마도 퀘이드가 보인 반응과 비슷할 것이다. 내가 진짜 내가 아니라면 나는 도대체 누구란 말인가? 물론 퀘이드의 경우는 영화 속에 등장하는 상상 속의 인물일 뿐이고 현실 세계에서는 그런 일이 일어나지 않을 것이다. 하지만 영화 속 상상력을 빌려 와 이렇게 반문할 수도 있지 않을까? "내가 알고 있다고 생각하는 내가, 사실은 내가 아닐 수도 있지 않을까?"라고 말이다. 바꾸어 말해서 우리는 우리들 각자의 기억이 조작되거나 이식되지 않았다는 것을 어떻게 알 수 있을까?

그렇게 묻는 것은 매우 황당한 일이기 때문에 생각해 보거나 대답할 가치가 없다고 느낄 수도 있을 것이다. 하지만 철학적으로 생각하는 데 있어서 가치 없는 생각이나 질문은 없다. 사소해 보이거나 황당해 보이는 물음도 때로는 깊이 있는 철학적 사색의 출발점이 되곤 하기 때문이다. 이 경우도 그런 사례에 해당한다.

영화 속 주인공 퀘이드 역시 자신의 기억이 이식되었을 가능성은 꿈에도 생각지 못했던 일이었다. 그의 아내 로리가 말해 준 이후에도 그는 자신의 기억이 통째로 이식되었다는 것을 확신하지 못했다. 그만큼 자기 자신에 대한 기억은 그 사람이 누구인가를 규정할 정도의 중요성을 지니기 때문에 의심하기가 어려운 법이다. 하지만 영화의 스토리는 퀘이드를 배신했고, 퀘이드가 사실은 하우저라는 인물이었음이 밝혀진다.

나는 곰곰이 생각해 보았다. 현실의 우리들에게는 단지 로리처럼 진실을 말해 주는 아내(혹은 남편, 혹은 가족)들이 없을 뿐인 것은 아닐까? 영화 〈토탈 리콜〉은 이내 나를 나 자신에 대한 회의주의자로 이끌고 있었다. 퀘이드 역시 로리가 말해 주기 전에는 자신에 대한 기억을 의심한 적이 전혀 없었다. 로리가 말해 주지 않았다면 어쩌면 퀘이드는 이식된 기억을 지닌 채 늙어 죽었을지도 모른다. 현실 속의 우리들 역시 진실을 말해 주는 사람들이 나타나기 전까지는 이식된 기억을 진짜 자신의 것으로 잘못 알고 하루하루를 살다가 죽게 되는 것이 아닐까?

회의주의는 우리가 확실한 지식에 도달할 수 있는지 없는지 알 수 없는 입장이라고 했다. 나는 영화사에 길이 남을 〈라쇼몬〉이 한 사건의 실체를 파악하는 것이 가능한지의 여부를 고민해 보게 하는 영화이며, 바로 그 점에서 회의주의적인 물음을 제기하는 것이라고 생각했다. 그로부터 몇 년 후에 본 할리우드의 상업 영화 〈토탈 리콜〉에서 나는 좀 더 미묘한 철학적 문제를 보게 된 것이다. 그것은 바로 나 자신에 대한 회의주의적 시각도 가능하다는 것이다.

우리가 자기 자신에 대한 기억의 신뢰성이 무자비하게 무너지는 영화를 어두컴컴한 영화관의 안락의자에 앉아서 비교적 편안한 마음으로 감상할 수 있는 이유는 아마도 현실에서는 그런 일이 일어나지 않는다는 (검증된 적이 없는) 믿음 때문일 것이다. 적어도 영화를 가볍게 보던 20년 전의 나는 그랬다. 하지만 〈라쇼몬〉과 〈토탈 리콜〉 같은 영화는 나의 태도를 바꾸어 놓았다. 그것은 바로 그러한 영화들이 "만약 영화 속에서 일어나는 일이 실제로도 일어난다면 어떻게 될까?"라는 물음을 묻지 않을 수 없게 하는 영화들이었기 때문이다. 일단 영화 속에서 그런 질문을 이끌어 낸다면, 영화는 더 이상 시간 죽이기의 대상이 아니다. 그것은 이미 철학인 셈이다. ◕

매트릭스 (The Matrix, 1999), 앤디 워쇼스키, 래리 워쇼스키 감독

소프트웨어 프로그래머인 토머스 앤더슨은 컴퓨터 회사에 다니는 평범한 직장인이다. 그는 밤에는 네오라는 이름의 해커로 활동하기도 한다. 그렇게 평범한 삶을 살던 그에게 믿을 수 없는 일이 벌어진다. 자신이 여태까지 보고, 듣고, 느끼고, 생각하며 살아온 세상은 진짜 세상이 아니라 한갓 꿈같은 가짜에 지나지 않는다는 이야기를 전설적인 해커 모피어스로부터 듣는다. 자신이 살아온 삶이 가짜라니, 혼란에 빠진 그는 자신에게 제공된 두 개의 알약 중

확실하게 안다는 것의 의미

빨간 알약을 먹으면 가짜의 삶으로부터 벗어나 진짜 세계의 모습을 볼 수 있을 것이라는 이야기를 듣고 선택의 기로에 선다.

영화 〈매트릭스〉는 그렇게 이야기를 시작하고 있지만, 영화 속 주인공 앤더슨이 처한 상황이 우리에게 닥칠 가능성은 전혀 없는 것일까? 내가 가장 확실하다고 생각하고 믿어 온 지식이나 정보는 정말로 확실해서 결코 틀릴 수 없는 그런 종류의 것이라고 단언할 수 있는가? 영화에서 앤더슨은 빨간 약을 먹고 원래 자신의 모습과 자신이 살고 있는 세계의 진짜 모습을 보게 된다. 영화는 우리 자신도 앤더슨과 같은 가짜 삶을 살고 있을지도 모른다는 의문을 던진다. 만약 그렇다면, 마치 영화에서 앤더슨이 빨간 약을 먹고 실상을 보게 된 것처럼 우리의 삶에서도 가짜의 삶에서 벗어나 진짜 삶과 세상을 보게 될 가능성이 있는 것일까?

이 영화는 그래서 관객들에게 엄청난 스펙터클을 제공하는 SF 영화가 아니다. 3부작으로 완성되고 만화영화 버전까지 나온 〈매트릭스〉는 SF 영화라고 하기에는 너무나도 철학적인 사색을 담아내고 있다.

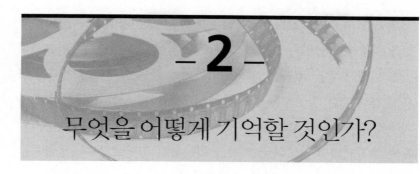

파이널 컷
(The Final Cut, 2004)
오마 나임 감독

기억이란 참으로 신기한 것이다. 누구에게나 기억이 있으며, 누구나 기억해야 하는 것들이 있다. 가장 단순한 것부터 말하자면, 아침에 잠에서 깨어난 나는 오늘 내가 해야 할 일들을 기억해야 한다. 실로 먼저 세수를 하고 아침식사를 하고 학교에 가야 한다는 지극히 일상적인 것들을 기억하고 있다.

지극히 단순하고 일상적인 것처럼 보이지만, 세수를 하고 아침을 먹는 일이 그리 간단한 것만은 결코 아니다. 아주 어려서부터 무수히 많은 반복을 통해 씻는 방법을 체득하게 되었다. 거의 자동으로 수도꼭지의 물을 틀고 손에 물을 묻혀서 얼굴을 씻는 그 모든 행동은 세수를 하기 위해서는 어떠어떠한 방식으로 움직여야 한다는 것을 우리가 기억하고 있기 때문에 가능한 것이다.

먹는 일도 마찬가지다. 먹는 행위가 본능적인 것이기는 하지만, 무엇을 어떻게 먹을지의 문제는 조금 다른 차원의 문제다. 아침을 차려 먹기 위해서 밥과 국과 반찬들이 어디에 있으며 이것들을 어떤 방식으로 차려 먹을 것인지는 물론 습관적으로 하게 되는 일들이지만 기억에 의존하지 않고서는 결코 해낼 수 없는 일들이다. 우리는 전기밥솥의 조작법과 미역국의 조리법을 기억하고 있어야 하며, 반찬들을 집어먹기 위해 젓가락 사용법도 기억하고 있어야 한다.

성공적으로 세수와 아침식사를 마쳤다고 하자. 그렇다고 해서 학교 갈 준비가 다 된 것은 아니다. 아무 옷이나 입고 학교에 갈 수 없으므로, 나에게 외출복이 있다는 것을 기억해야 하며 오늘 수업을 위한 책들도 챙겨야 한다. 그리고 문밖을 나서는 순간 나는 학교로 가는 길을 기억하고 있어야 한다. 그래야만 학교가 아닌 곳으로 잘못 가서 길을 잃는 일이 없을 것이기 때문이다.

물론 이런 일들은 너무 당연하게 습관적으로 익혀서 행하는 것들이기 때문에 여기에 대해서 우리는 보통 '기억한다'라는 말을 사용하지 않는다. 기억이란 그런 일상적인 것들보다는 뭔가 더 정신 차리고 해야 하는 것으로 생각될 때가 많다. 그래서 우리는 "너 세수하는 법 기억해?"라고 묻거나 "너 젓가락질하는 법 기억해?"라고는 잘 묻지 않는다. 대신 "약속 잊지 말고 꼭 기억해!"라는 친구들 사이의 한마디나, "지난번에 우리가 만났던 곳을 기억하나요?"와 같은 연인들의 속삭임, 아니면 "이 문제는 시험에 꼭 나오니 기억해 둘 것"이라고 강조하시는 선생님의 말씀이 기억에 대해 말하는 일반적인 예다. 우리는 보통 기억이라는 것을 뭔가 집중하거나 애써서 해야 하는 것이라고 생각한다. 그럼에도 불구하고 깜박하고 잊는 수가 있어서 문제인 그런 것이 기억이다.

하지만 우리가 기억이라고 부르기에 너무 단순하거나 일상적인 것도 기억임에 틀림없다. 그래서 우리는 집에서 키우는 강아지가 주인을 알아보고 꼬리치는 것을 보고 그에게도 기억이 있음을 확신하게 된다. 철새들이 매년 특정 시기에 특정 장소로 날아오는 것도 철새들한테 기억이 있다는 증거이며, 개미들이 먹이를 짊어지고 땅속 어디론가 사라지는 것 역시 개미에게 기억이 있다는 증거다. 아침에 일어나 세수하고 밥 챙겨 먹고 총총걸음으로 학교나 직장으로 향하는 인간의 모습과 무엇이 다른가?

이처럼 단순하건 복잡하건, 본능적이건 아니건 간에 무엇인가를 반복해서 행할 수 있다면 그런 행동은 기억 때문에 가능한 것이라고 할 수 있다. 그래서 사람이나 강아지, 철새나 개미는 물론 서로 차원이 다른 기억력을 지니고 있겠지만 전부 다 기억이라고 할 수 있는 것을 가지고 있다. 그런데 여기서 흥미로운 질문을 하나 던질 수 있다. 이렇게 살아 있는 것들뿐 아니라 결코 살아 있다고 할 수 없는 기계에도 기억이 있다고 할 수 있겠는가 하는 질문이 그것이다.

우리가 일상생활에서 자주 사용하게 되는 기계를 예로 들어보자. 음료수 자동판매기가 한 예가 될 수 있겠다. 이 자동판매기에 100원을 투입하면 커피 한 잔이 나온다. 하지만 50원을 투입하면 이 기계는 꿈쩍도 하지 않는다. 100원을 투입할 때마다 커피가 나오는 것으로 보아서 이 자동판매기는 100원짜리 동전과 커피 한 잔 사이의 어떤 관계를 기억하고 있는 것이 아닐까?

물론 자동판매기가 무슨 기억을 하냐고 반문할 수 있을 것이다. 하지만 만약 철새들이 날씨가 추워지기만 하면 특정 장소로 여행을 떠나는 것과 100원짜리 동전이 기계 안으로 투입되기만 하면 커피 한 잔을 내보내는 것 사이에 무슨 차이가 있느냐고 되물을 수도 있을 것이다. 철새들이 추위에 반응한 것처럼 자동판매기도 100원짜리 동전에 반응한 것이기 때문이다.

여기에 대해서 기억은 단순한 기계적 반응 이상의 것이라고 누군가가 말한다면, 즉 "살아 움직이는 유기체적 반응이어야 기억한다"고 말할 수 있지 "기계적으로 반응하는 것은 기억한다고 말할 수는 없다"고 부가적 전제를 단다면 철새의 반응과 자동판매기의 반응은 같은 것일 수 없게 된다. 철새의 움직임은 누가 뭐래도 유기체적인 반응이기 때문이다. 하지만 자동판매기가 아닌 또 다른 기계의 예를 살펴보면 상황이 그리 간단하지 않다는 것을 알게 된다.

우리는 통상적으로 컴퓨터에 대해서 말할 때 메모리를 운운한다. 하드디스크의 용량을 몇 기가바이트의 메모리 용량을 지니고 있다는 식으로 말하며, 반도체에 대해서 말할 때 플래시 메모리라는 말도 사용한다. 그리고 여기서 사용하는 '메모리'라는 말은 영어로 '기억'이라는 뜻을 지닌 단어라는 것 역시 우리는 잘 알고 있다. 그렇다면 컴퓨터에는 기억이 있다고 말할 수 있을까?

상식적으로 컴퓨터가 기억을 지니고 있다고 생각하는 사람은 없을 것이다. 적어도 오늘날 수준의 컴퓨터에 대해서는 말이다. 그렇다면 컴퓨터의 성능을 나타내는 용어 중의 하나인 메모리는 무엇을 뜻할까? 이때 기억은 사람이 의식적으로 무엇을 기억한다는 의미에서의 기억이 아니라 기억하고 싶은 내용을 저장하는 일종의 기억매체를 뜻하는 것이다. 이 문제를 쉽게 이해하기 위해 비유를 하나 해 보자.

우리가 기억을 한다는 것은 분명히 과거에 일어난 일이나 사건에 대해 기억을 하는 것이며, 그러한 과거에 일어난 일과 사건을 현재 시점에서 기억해 내는 것이다. 그렇다면 지금은 지나가고 없는 과거에 일어난 일과 사건에 대한 흔적을 우리 안의 어느 곳엔가 저장해 놓았다가 그 흔적을 다시 불러오는 것이라고 생각할 수 있을 것이다. 그리고 우리는 우리의 두뇌가 이러한 일들을 수행한다고 보아도 좋을 것이다.

이처럼 우리가 경험하는 일들이 두뇌에 고스란히 저장되고, 나중에 그 일들을 기억하는 것도 두뇌에 의해 가능하다는 일종의 비유를 받아들일 수 있다면, 컴퓨터의 메모리에 대한 설명이 가능해질 것이다. 컴퓨터는 인간과 같이 의식을 가지고 스스로의 판단에 의해 어떤 행동을 수행하는 능력은 지니지 않겠지만, 적어도 인간의 두뇌가 경험한 일들을 저장한 뒤 기억해 내듯이, 많은 정보를 하드디스크에 저장한 뒤 기억해 내는 능력은 지니고 있다고 해야 할 것이다. 결코 의식을 지닌다고 할 수 없고, 자발적으로 행동한다고 할 수도 없지만, 컴퓨터는 저장과 기억에 관해서는 인간보다 더 뛰어나다. 인간은 희미한 기억이나 잘못된 기억을 하는 경우가 많지만, 컴퓨터에게 희미한 기억이란 없기 때문이다.

결국 컴퓨터와 관련하여 기억을 말한다면, 우리는 통상 말하듯 저장장치로서의 기억매체를 뜻하는 셈이 될 것이다. 컴퓨터는 자신에게 주어지는 정보를 손실 없이 정확하게 저장하는 능력을 지닌다. 사람의 두뇌도 정보를 저장하긴 하지만 정보의 손실을 피할 수 없다는 것이 아쉬움이다. 아마도 인간이 컴퓨터를 발명한 것도 다 인간이 지니지 못한 빠른 정보 처리 능력과 손실 없는 정보의 저장 능력을 보조할 수단이 필요했기 때문일 것이다.

사실 대단한 컴퓨터가 아니라 해도 인간의 부족한 능력을 보조할 수단의 필요성은 아주 오랜 역사를 지닌다. 기록매체라는 것이 다 그런 필요성에서 나왔다고 보면 된다. 인간이 알게 된 사실들을 기록하여 책으로 만드는 것도 알고 보면 일차적으로는 기억의 보조수단으로 필요했던 것이다.

카메라의 발명도 그런 맥락에서 생각해 볼 수 있다. 우리는 여행을 가서 "남는 건 사진 밖에 없다"는 말을 자주 한다. 이 말은 시간이 지나면 이 여행에 대한 기억은 희미해지겠지만, 사진은 여행의 순간을 영원히 담아낼 수 있으므로, 미래에 이 여행에 대해 기억하고자 할 때 사진을 그 기억의 보조수단으로 삼을 수 있다는 뜻을 담고 있다.

그런 측면에서 보면, 무비 카메라의 발명은 기록매체의 역사에서 매우 혁신적인 발명임이 분명하다. 정지된 모습만을 담을 수 있는 일반 카메라와 달리 무비 카메라는 움직임은 물론 소리까지 담아낼 수 있다. 여기서 다시 흥미로운 비유를 하나 해 볼 수 있겠다. 사람이 세상에서 일어나는 일을 눈과 귀를 통해 보고 듣고 두뇌를 통해 인식하고 기억하듯이, 무비 카메라는 렌즈와 마이크를 통해 보고 듣고 필름을 통해 그 내용을 기억한다. 물론 무비 카메라는 보지도 않고 듣지도 않으며 기억하지도 않는다. 하지만 카메라를 신체기관에 비유한다면 그렇다는 것이다. 실제로 카메라의 렌즈는 사람의 눈을 닮지 않았는가?

20세기 초 새로운 영상매체였던 영화가 세상에 나타났을 때, 일부 영화이론가와 제작자들은 무비 카메라의 잠재적 능력을 간파하고 있었다. 구소련의 영화이론가이자 제작자였던 지가 베르토프(Dziga Vertov)는 '키노아이'(Kino-Eye)라는 메타포를 사용하여 드디어 무비 카메라를 통해 인간이 신체적 제약을 넘어설 수 있다는 생각을 드러냈다. 즉 사람은 이제 무비 카메라의 렌즈를 통해서 영화의 눈으로 세상을 볼 수 있게 되었다는 것이다. 즉 무비 카메라라는 기계와 그 기계의 눈으로 본 것을 적절하게 편집함으로써 이제 우리는 신체적 제약을 벗어나 세상의 모습을 볼 수 있게 되었다는 것이다.

베르토프는 그러한 자신의 생각을 실행에 옮겼는데, 그렇게 해서 만든 영화가 〈무비 카메라를 든 사나이, 1929〉라는 다큐멘터리 영화다. 대도시의 바쁜 시내 풍경을 화면에 담은 이 영화는 무비 카메라가 관객의 눈이 된 듯한 착각을 줄 정도로 관객이 실제로 도시의 복잡한 거리를 순례하면서 봄 직한 영상들을 보여 준다. 하지만 한 사람이 하루 종일 돌아다니면서 볼 수 있는 거리의 모습은 제한적일 것이므로 그가 보았을 법한 무수히 많은 광경을 매우 빠르게 편집하여 속도감 있게 전개한다. 슈퍼맨이 아닌 이상 보통 사람이 한 시간 동안 거리에 나가서 보고 경험할 수 있는 광경은 얼마 안 되겠지만, 기계적 눈인 키노아이의 도움으로 이 영화의 관객은 엄청난 양의 시각 정보를 얻게 된다. 이것이 바로 인간 신체 그리고 두뇌의 보조 수단으로서 영화가 어떻게 기능할 수 있는가를 잘 보여 주는 한 사례라고 하겠다.

베르토프의 아이디어는 약 100년 전의 것이었다. 당시에는 음향 기술의 한계로 아직 유성영화가 등장하기도 전이었고, 당연히 흑백영화의 시대였으며, 디지털 컴퓨터는 세상에 빛을 보기도 전의 일이었다. 하지만 그의 아이디어는 이 모든 것을 전부 포괄할 수 있을 만큼 넉넉한 것이었다. 20세기 말, 21세기 초 인류는 컴퓨터 기술의 혁명적인 발전을 목격하고 있다. 그리고 모든 것이 달라졌다.

이제 컴퓨터를 다시 생각해 보자. 매우 방대한 저장능력과 정보처리 능력을 지닌 컴퓨터에 눈과 귀를 달아 줄 수는 없을까? 이미 가능하지 않은가? 우리는 컴퓨터에 화상카메라와 마이크, 스피커를 장착하여 온라인으로 화상대화를 나눌 수 있다. 해상도가 얼마 되지 않는 화상카메라 대신 고성능 무비 카메라를 달면 어떨까? 그리고 우리가 보고 듣는 세상의 모든 일들을 녹화하고 저장하면 어떨까? 하드디스크 용량의 제약만 없다면, 우리가 경험하는 1년 365일은 물론 한 사람의 전 생애를 기록하는 일도 가능할 것이다. 그리고 베르토프가 〈무비 카메라를 든 사나이〉라는 영화를 편집하여 완성했듯이 각자의 생애를 기록한 뒤 편집하여 한 편의 영화로 완성하면 어떨까?

바로 그런 조금은 엉뚱한 아이디어를 소재로 만든 영화가 〈파이널 컷〉이다. 이야기의 설정은 부모의 선택에 의해 태아 상태에서 두뇌에 마이크로 칩을 이식하여 그 아이가 태어나는 순간부터 죽을 때까지 눈으로 보고 귀로 듣는 모든 것을 기록하게 한다는 것이다. 그렇게 되면 한 사람이 살면서 경험한 것 중 오래도록 기억하고 싶은 것은 물론 절대로 기억하고 싶지 않은 것까지 전부 아주 생생하게 칩에 저장된다.

사실 이런 칩을 몸에 이식해서 과거의 기억을 언제든지 현재로 불러와서 확인할 수 있다면 편리하기도 할 것이다. 학생들로서는 수업 시간에 졸지 않고 집중해서 공부를 했다면 설사 시간이 지나 그 내용을 잊는다 하더라도 나중에 언제든지 아주 정확하게 기억 속으로 불러올 수 있을 테니 말이다. 그런데 영화 속 설정은 이 칩에 녹화 및 저장된 내용은 이식한 사람 마음대로 꺼내어 볼 수가 없고, 그가 죽은 뒤에서야 그 칩을 꺼낼 수 있는 것으로 되어 있다. 조이 칩이라고 불리는 이 마이크로 칩은 그러니까 기억보조장치이긴 한데 컴퓨터와 유사하

파이널 컷 (The Final Cut, 2004)

다기 보다는 무비 카메라로 찍은 필름과 유사하다. 필름은 일단 찍은 뒤에 편집을 하고 나서야 의미 있는 영상이 되는 것이다.

　마찬가지로 영화 속에서 커터(cutter)라고 불리는 편집자는 죽은 자의 칩에 기록된 내용, 즉 그가 전 생애를 통해서 보고 들은 모든 기록 중에서 그가 남기고 간 가족들이 간직하고 싶어 할 내용들만으로

2시간 분량의 추억 영화를 편집한다. 따라서 이 경우 조이 칩에 한 사람이 보고 들은 바를 기록하는 것은 그 사람을 위한 것이 아니라 그를 기억하게 될 사람들, 즉 가족이나 친지들을 위한 것이다.

조이 칩에 기록된 영상은 죽은 자가 눈으로 보고 귀로 들은 것을 녹화한 것이므로 죽은 자의 시점에서 경험한 내용이다. 그가 좋은 일을 했건 나쁜 일을 했건 그가 경험한 것이 전부 녹화되기 때문에, 그가 살아 있는 동안은 그만 아는 비밀 같은 것이 있을지 몰라도, 일단 죽고 나면 그가 일인칭 관점에서 보고 들은 모든 것이 다른 사람들에게 공개될 수 있게 되는 것이다.

그래서 살아남은 가족들은 커터에게 녹화된 영상의 어떤 부분이 삭제되고 어떤 부분이 보존되어야 할지를 주문하게 된다. 사람은 누구나 살아가면서 프라이버시가 있게 마련이다. 그 프라이버시는 다른 어느 누구로부터도 방해받거나 침해되고 싶지 않은 부분이다. 하지만 어떤 사람이 보고 들은 모든 것을 녹화한 영상물이 있다면, 그의 프라이버시는 살아 있는 동안만 보장될 뿐 죽은 뒤에는 그 프라이버시가 영상물에 접근할 수 있는 사람들에게 공개되는 것이나 다름없다.

철학에서 한 사람의 프라이버시는 그 사람에게만 알려지고 그 사람에게만 의미가 있는 것이어서 다른 사람은 추측만 할 수 있을 뿐 그 사람의 프라이버시에 대해서 100% 정확하게 아는 것은 불가능하다고 한다. 하지만 조이 칩이 돌아다니는 세상에서는 프라이버시 개념이 사라질지도 모를 일이다. 좀 과장된 것이긴 하지만 다음과 같은 예를 들 수 있다.

2007년 미국의 버지니아 공대에서 한 학생이 대학의 한 건물에 들어가 입구를 봉쇄하고 강의실에 있는 교수와 학생들을 향해 권총을 무차별 난사하여 30여 명이 숨지는 사건이 일어났다. 건물 안에 있던 대부분의 사람들이 총격에 의해 살해되었고 용의자 역시 스스로 목숨을 끊었기 때문에 용의자가 총격 당시 정확하게 어떻게 일을 벌였는지는 즉각 밝혀지지 않았다.

그런데 며칠 후 뉴욕의 한 방송사에 용의자가 보낸 동영상물이 접수되었고, 방송사는 뉴스 시간에 이 동영상을 공개했다. 용의자가 사건을 일으키기 전에 스스로 총을 든 자신의 모습을 비디오 카메라에 녹화한 동영상이었다. 이 동영상의 내용을 토대로 전문가들은 용의자가 정신적으로 정상이 아니었다는 것을 추정할 수 있었고, 범행이 사전에 계획된 것이었음도 알 수 있었다. 이 동영상은 용의자가 스스로 찍은 것이기는 하지만 용의자의 모습을 삼인칭 관점에서 보여 주는 영상물이다.

만약 여기서 용의자의 두뇌에 조이 칩과 같은 것이 이식된 상황을 가정해 보면 어떨까? 조이 칩은 그 칩을 이식한 사람의 눈과 귀에 비친 모든 내용을 녹화하며, 그 사람이 죽은 뒤에 칩을 꺼내어 재생할 수 있도록 프로그램되어 있다. 따라서 자살한 용의자의 조이 칩에는 그가 범행을 준비하기 위해 권총과 실탄을 구매하는 상황에서부터 특정 건물에 들어가 출입구를 봉쇄하고 무차별 총격을 가하는 상황에 이르기까지 그 모든 과정이 일인칭 관점에서 녹화되어 있을 것이다. 또한 만약 총격에 의해 살해된 피해자들에게도 조이 칩이 이식되어 있다면, 그들의 칩에 녹화된 영상을 통해 용의자가 어떻게 범행을 일으켰는지 또한 생생하게 볼 수 있을 것이다.

이처럼 만약 조이 칩과 같은 것이 있어서 한 사람이 평생 동안 보고 들은 것의 영상기록을 다른 사람들이 볼 수 있게 된다면, 그 사람이 살아 있는 동안 지녔던 프라이버시의 영역, 또는 그가 그 혼자만의 비밀로 간직하고 싶어 했던 영역은 그의 조이 칩이 공개되는 순간 사라지고 다른 사람들 역시 그 사람의 관점에서 세상을 볼 수 있게 된다.

이것은 첨단 테크놀로지가 가져다줄 신비로운 세계처럼 보일 수도 있고, 20세기 초에 베르토프가 생각한 신체적 한계를 벗어날 수 없는 인간에게 기계의 눈의 힘을 빌어 완전한 눈이 부여된 것처럼 보일 수도 있지만, 실은 모두가 서로의 감시자가 되는 것과 다를 바 없는 그런 무시무시한 세계라고 할 수 있다. 그것은 마치 이 세상에 살고 있는 사람의 수만큼의 감시 카메라가 도처에 설치되어 있는 것과 다를 바가 없는 것이다. 비록 하나의 감시 카메라에 녹화된 내용은 그 카메라가 수명을 다한 뒤에만 확인할 수 있겠지만 말이다.

사람의 눈과 귀, 그리고 두뇌는 무엇을 보고 듣고 기억하도록 진화했다. 그래서 제법 많은 것을 보고 듣고 기억한다. 하지만 사람마다 시력에 차이가 있고, 똑같은 소리를 들어도 어떤 사람은 소음으로 듣는 것을 다른 사람은 하나의 멜로디로 듣기도 한다. 어떤 사람은 잘 잊지만 또 어떤 사람은 기억력이 뛰어날 수 있다. 하지만 보고 듣고 기억한다해도 근본적으로 사람들은 잘못 보거나 잘못 들을 수 있으며, 시간이 지나면서 잊게 마련이다. 그런 유한한 능력이 아쉬워서 사람들은 기억보조장치나 조이 칩 같은 아이디어를 생각하게 된다. 하지만 막상 그런 완전한 능력이 생긴다면, 각자가 보고 들은 것을 완벽하게 기록, 보존할 수 있게 되기 때문에 더 행복해진다고 할 수 있을까?

그와 관련하여 유사한 아이디어인 것 같지만 따뜻한 시선을 지닌 고레에다 히로카즈 감독의 영화 〈원더풀 라이프〉가 좀 더 인간적으로 느껴진다. 〈파이널 컷〉의 경우 조이 칩에 녹화된 내용은 칩을 이식한 사람에게는 사실 아무 의미가 없는 것이다. 한 사람의 생애에 대한 기록이라는 것은 그 사람이 죽은 뒤에 그를 추모하는 가족이나 친지들에게만 의미가 있을 뿐이다. 반면 〈원더풀 라이프〉의 기억은 그 기억을 소유한 사람의 몫이며 응당 그래야 한다는 내용을 담고 있어 한결 더 자연스러워 보인다.

누구나 죽으면 저승으로 가기 전에 일주일 동안 이승과 저승의 경계 지점에 머물게 된다. 이 일주일의 유예기간은 어쩌면 하늘이 사람에게 베푸는 가장 축복된 시간일지도 모른다. 이 경계 지점에서 사람들은 자신의 일생에서 경험한 것에 대한 모든 기억 중에서 가장 행복했던 기억을 하나만 추려 내어야 한다. 저승으로 떠나기 하루 전날에 그 추려 낸 단 하나의 삶의 에피소드를 토대로 자신이 주인공이 되어 한 편의 단편영화로 재구성한 뒤 시사회를 갖는다. 경계 지점에서의 일주일이 지나면 이승에서 지녔던 모든 기억은 사라지고, 자신이 스스로 선택한 단 하나의 에피소드만을 영원한 기억으로 간직한 채 저승으로 떠난다.

여기서 자신이 선택한 단 하나의 에피소드가 실제로 오래전에 직접 겪은 사실과 얼마나 일치하는가는 별로 중요하지 않다. 어떤 사건이 일어났는가가 중요한 것이 아니라 그 사건에 대해서 어떤 기억을 가지고 있는가가 중요한 것이기 때문이다. 〈파이널 컷〉도 유한한 기억력을 지닌 인간의 한계를 극복하기 위한 신비한 영물로서의 조이 칩이 현실화되는 세상을 기대하면서 만든 영화는 아니다. 영화의 주인공의 삶이 웅변하듯 무엇을 어떻게 기억할 것인가가 더 중요한 것이다.

🔎

이터널 선샤인 (Eternal Sunshine of the Spotless Mind, 2004), 미셸 공드리 감독

〈파이널 컷〉은 죽은 사람이 보고 들은 모든 것이 남아 있는 사람들에게 추억의 형태로 제공된다는 설정을 하고 있다. 반면 〈원더풀 라이프〉는 죽는 사람이 이승에서의 삶 중 영원히 기억하고 싶은 부분을 녹화하여 간직한 채 저승으로 떠난다는 이야기를 담고 있다. 무엇을 어떻게 기억할 것인가와 관련하여 이들 영화는 현재 우리가 살고 있는 삶의 중요성을 깨닫게 해 준다. 하지만 너무 아픈 상처나 그냥 잊고 싶은 삶의 기억들이 있다면, 그리고 만약 첨단 과학의 도움으로 그런 기억들만 골라서 지울 수 있다면, 그런 세상이 온다면 얼마나 좋을까?

잊는다는 것이 언제나 좋은 것은 아니다. 기억상실증이나 노인성 치매로 자신의 기억을 잃게 되는 사람들의 삶이 결코 행복해 보이지는 않기 때문이다. 그래도 사람들은 만약 가능하다면 선택적 망각을 희망할지도 모른다. 〈이터널 선샤인〉의 설정은 그런 것이다. 특히 실연의 아픔을 품고 사는 사람은 사랑했던 사람에 대한 기억을 잊고 싶을 수도 있다. 영화의 주인공 클레멘타인은 정신치료 과학자에게 의뢰해 사귀던 남자친구 조엘에 대한 기억을 지워 버린다. 그 사실을 알게 된 조엘도 클레멘타인에 대한 모든 기억을 지운다. 그렇게 서로에 대한 기억을 완전히 지워 버린 상태에서도 두 사람이 다시 만나서 사랑을 하게 된다면, 이것은 천생연분이라는 말로도 설명할 수 없는 운명의 사랑이 아닐까?

실제로 미국의 바이오 벤처회사인 메모리 파머큐티컬사(社)는 치매 치료를 목적으로 기억력을 보존시키는 약품을 개발하고 있다. 그런 약이 효과적으로 만들어진다면, 원래 의도와 달리 학생들의 학습 효과 개선용으로 약이 남용될지도 모를 일이다. 정상적인 삶을 위해서 기억하는 것은 매우 중요하다. 하지만 그만큼 잊는 것도 중요하다. 영화 〈이터널 선샤인〉은 잊음으로써 서로에 대한 관계의 중요성을 깨닫게 되는 두 남녀를 그리고 있다.

무엇을 어떻게 기억할 것인가?

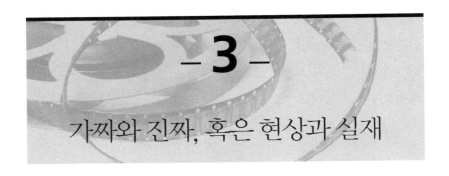

-3-
가짜와 진짜, 혹은 현상과 실재

미녀는 괴로워
(2006)
김용화 감독

얼마 전 신문에 다음과 같은 흥미로운 기사가 하나 실렸다.

"패션 종주국 이탈리아의 밀라노 패션쇼에서 깡마른 모델들이 퇴출당한
다. 이탈리아 청소년부와 국립패션협회가 내년 1월까지 지나치게 마른
모델이 무대에 서는 것을 금지하는 방안을 마련키로 합의했기 때문이
다. 아르마니, 베르사체, 프라다, 구찌, 페라가모 등 200여 개 명품·패
션 기업들이 이 협회의 회원이다. 로이터통신 등 외신에 따르면 깡마른
모델의 출연 금지는 내년 2월 열리는 '밀라노 컬렉션'부터 적용될 예정
이다. 이탈리아 패션계와 정부의 이 같은 조치는 지나치게 마른 모델들
이 청소년과 젊은층들에 건강미에 대한 그릇된 인식을 심어 주고 있다
고 판단했기 때문이다." (중앙일보 인터넷판, 2006년 12월 12일)

이 기사가 나오기 몇 달 전 스페인에서도 체질량 지수가 일정 수준에 미달하는 모델의 패션쇼 출연을 금지했는데, 이러한 패션업계의 움직임은 최근 심심치 않게 모델들이 거식증으로 사망하는 사건이 발생한 것과 관련이 있어 보인다. 패션 모델은 날씬해야 하고, 그렇게 하기 위해서는 금식이라는 본능에 역행하는 행위를 해서라도 체중을 줄여야 한다는 강박관념이 모델로 성공하고자 하는 많은 여성들을 사로잡고, 이는 결국 거식증으로 이어져 음식을 앞에 놓고도 굶어 죽는 기이한 현상이 벌어지는 것이다.

그런데 공교롭게도 위 기사가 나올 무렵 〈미녀는 괴로워〉라는 한국 영화가 개봉했다. 노래는 잘 부르지만 95kg이나 나가는 몸무게 때문에 노래는 안 되지만 미모 덕에 인기를 누리는 가수 뒤에서 노래를 대신 불러 주는 얼굴 없는 가수 한나(김아중)는 스스로 가수로 성공하고 짝사랑하는 남자를 얻으려는 욕망에 일생일대의 중대한 선택을 한다. 그 선택은 본능에 역행하는 금식이 아니라 아예 자신의 몸을 통째로 리모델링하는 것이다.

바야흐로 우리는 오늘날 눈으로 보는 것이 중요한 시대에 살고 있다. 패션 모델들이 경쟁적으로 몸의 살을 빼는 것이나, 인기 연예인들이 몸짱이니 얼짱이니 하며 외모에 신경을 쓰는 것 모두가 다른 사람들의 눈에 자신들의 몸이 어떻게 보이는가에 집착하기 때문에 일어나는 현상이다. 문제는 극소수의 모델이나 가수, 배우들뿐 아니라 아주 많은 사람들, 특히 젊은 여성들이 그 소수의 사람들의 외모를 보고 영향을 받는다는 것이다. 그 소수의 모델들에 비해 자신들의 몸은 너무 살이 쪘거나 얼굴에 문제가 있어 보인다고 생각하는 것, 바로 그것이 문제다.

한자 성어 중에 백문이 불여일견(百聞, 不如一見)이라는 말이 있고,

미녀는 괴로워 (2006)

영어 표현 중에도 그와 비슷한 "Seeing is believing"이라는 말이 있다.
동서양을 막론하고 눈으로 보는 것이 지니는 직접성과 눈으로 확인하
는 것의 중요성을 이르는 표현이다. 이처럼 예전에도 눈으로 보는 것
은 중요했지만, 이미지의 시대라고 불리는 오늘날 그 중요성은 더해지
고 있다. 과거에는 대중음악이 라디오나 음반을 통해 주로 유통, 소비
되었지만, 오늘날은 뮤직비디오와 같은 영상매체가 더 호소력을 지닌

다. 노래는 립싱크가 가능하지만 외모나 춤은 누가 대신해 줄 수 없다는 점에서 눈으로 봄으로써 소통되고 소비되는 뮤직비디오의 시대에 외모가 우선시되는 것은 어쩌면 당연한 일일지도 모른다.

하지만 눈으로 보는 것이 전부일까? 또 눈으로 보는 것만이 진짜일까? 우리는 패션쇼에서 유명 디자이너가 새로 디자인한 옷을 걸치고 나온 특정 모델을 보고 아름답다고 말하곤 한다. 하지만 우리가 그 모델을 보고 느낀 아름다움이 바로 한 사람으로서 그 모델의 아름다움과 같은 것일까? 바꾸어 말해 우리가 눈으로 본 그 모델의 모습이 우리가 그 모델에 대해서 느끼거나 말해야 할 아름다움의 전부인 것일까?

이 질문에 대해서 "그렇다"라고 답할 수도 있고, "아니다"라고 답할 수도 있을 것이다. 하지만 분명한 것은, "그렇다"라는 답은 아름다움이란 한 사람의 외모 혹은 눈에 보이는 것에만 적용할 수 있는 것이라는 생각을 전제할 때만 가능한 답이라는 것이다. 우리는 유명한 패션 모델의 외모를 보고 아름다움을 느끼기도 하고, 붉게 물든 저녁놀을 보고 아름다움을 느끼기도 한다. 때로는 모네의 〈수련〉과 같은 회화 작품을 보고 아름다움을 느낀다. 그러나 우리는 눈으로 볼 수 없는 것에 대해서도 종종 "아름답다"고 말한다. 정신분열증에 시달리는 수학 천재의 이야기를 그린 론 하워드 감독의 영화 〈뷰티풀 마인드〉는 그 제목에서 눈에는 보이지도 않는 마음에 대해서 아름답다는 수식어를 사용하고 있다. 실제로 우리는 '마음이 아름다운 사람' 혹은 '아름다운 사랑 이야기'라는 표현을 종종 쓴다.

마음이나 사랑은 눈으로 볼 수 없는 것이 분명하므로 우리가 아름다움을 사람의 외모나 눈에 보이는 것에만 적용하지 않는다는 것을 금방 알 수 있다. 따라서 우리는 눈으로 보는 것이 중요한 시대에 살고 있긴 하지만, 그렇다고 해서 눈으로 보는 것만이 중요하다고는 할 수 없다는 점을 인식해야 할 것이다. "백문이 불여일견"의 경우처럼 눈으로 보는 것이 우리로 하여금 무엇인가를 가장 직접적으로 확인할 수 있게 해 주는 것이기는 하지만, 그것이 직접적이라고 해서 언제나 정확하고 틀림없는 것이라고 말할 수는 없다.

영어에 "Beauty is only skin deep"이란 표현이 있다. 이는 곧 눈으로 보게 되는 아름다움이란 피부 한 꺼풀의 깊이 밖에 지니지 않는다는 뜻이다. 피부가 두꺼워 봤자 그 깊이가 얼마나 되겠는가? 한 사람의 참 모습을 판단하는 데에 외모란 피부처럼 피상적인 것이다. 사람에게서 진정한 아름다움이란 외모가 아니라 그 사람의 성격이나 지성과 같이 내면적인 것이라는 이러한 생각은 외모를 판단하는 눈이라는 감각기관이 그리 신뢰할 만하지 못한 것이라는 서양철학의 오랜 전통에서 나온 것이다.

플라톤은 눈이나 귀와 같은 감각기관을 통해서 얻게 되는 정보를 신뢰할 수 없다고 보았는데, 그 이유는 감각기관을 통해서 알게 되는 세상은 끊임없이 변화하는 변덕스러운 성질을 지녀서 진정한 세상의 모습이라고 할 수 없다고 생각했기 때문이다. 우리가 눈으로 보는 것들은 사실 전부 생겨났다가 온갖 변화를 거쳐서 없어지고 말 것들이다. 절세의 미녀라고 하는 양귀비도 오랜 역사를 통해 전해져 내려와서 알게 된 이름일 뿐 오늘날 어느 누구도 양귀비를 본 적도 만난 적도 없다. 청순한 아름다움의 외모를 지녔다는 평가를 받은 영화배우 오드리 헵번의 경우도 젊었을 때의 미모가 뭇사람들의 눈을 사로잡았을 뿐 나이 들어 주름진 그의 얼굴은 결국 외모는 변하는 것임을 실감하게 해 주었다.

사람뿐만이 아니다. 나의 컴퓨터가 올려져 있는 나무로 만든 책상도 지금은 만들어진 지 얼마 되지 않은 견고한 상태의 물건이지만, 오랜 시간이 지나면 닳고 낡아 부서지고 못쓰게 되거나 궁극적으로는 해체되고 없어질 것이다. 이처럼 우리가 눈으로 볼 수 있는 것들 중에서 생성과 변화를 거쳐서 최종적으로 없어지지 않는 것은 단 하나도 없다. 인공적으로 만들어 낸 비닐이나 플라스틱류는 땅속에 묻어도 아주 오랜 기간 동안 썩지 않는다고 하지만, 그 역시 궁극적으로는 썩어 없어질 존재다.

게다가 눈은 사람을 잘못 판단하도록 현혹하기도 한다. 길거리에서 친구가 지나가는 것을 보고 아는 척을 하려고 자세히 보니 친구와 비슷한 사람이었다거나 하는 착시현상과 같은 것이 바로 사람의 눈이 지닌 어쩔 수 없는 한계를 잘 나타내 준다. 영화 〈미녀는 괴로워〉에서 뚱뚱하고 못생긴 자신의 외모에 절망한 한나는 전신 성형수술을 받고 제니라는 이름으로 사람들 앞에 다시 나타난다. 하지만 완벽한 미모의 제니를 제니가 아닌 한나로 알아보는 사람은 아무도 없다.

한나가 전신 성형수술로 아주 다른 외모를 가지게 되었다고 해서 그의 내면적인 영역까지 바뀐 것은 아니다. 하지만 우리의 눈은 늘상 외면을 보기 마련이고, 사람을 판단할 때도 눈에 보이는 것만으로 판단하는 경향이 있다. 그런 상황에서 자신을 제니라고 소개하는 한나를 한나로 알아보는 것이 그리 쉽지는 않을 것이다. 우리는 눈에 보이는 것에 현혹되기 쉽다. 그러니 아무리 "백문이 불여일견"이라 한들 우리의 눈을 절대적으로 신뢰하기는 어려워 보인다.

이처럼 우리로 하여금 일차적이고 직접적으로 세상에 대해서 알게 해 주는 감각기관을 신뢰하지 못하겠다면, 플라톤이 믿는 구석은 무엇일까? 플라톤은 변화하는 것들만 있는 것이 아니라 변화하지 않는 것들도 있다고 생각했다. 물론 우리의 눈에 보이는 것은 모두 변화하는 것들이지만, 우리가 무엇을 안다고 할 때 눈으로 보거나 귀로 들어서 아는 것이 전부라고 할 수는 없다는 것이다. 눈에는 보이지 않지만, 그래서 우리의 감각기관을 통해서 알 수 있는 것은 아니지만, 우리가 분명히 안다고 할 수 있는 것들이 있다.

플라톤은 가장 대표적인 것으로 수를 들었다. 수는 눈에 보이지는 않지만, 우리가 수 개념을 가지고 있고 덧셈 뺄셈을 할 수 있다는 사실로부터 수가 우리의 지식의 대상이며 쉽게 변화하지도 않는다는 것을 알 수 있다. 여기서 혼동해서는 안 되는 것은 우리가 '수'라고 부르는 것과 '숫자'라고 하는 것은 다르다는 점이다. 자동차 번호판에 적혀 있는 것은 수가 아니라 수를 기호로 나타낸 숫자다. 마찬가지로 연필로 종이에 계산을 할 때 쓰는 것도 숫자들이다. 숫자들은 눈으로 볼 수 있지만, 수는 눈에 보이지 않는다.

수는 눈에 보이지 않지만 우리는 수에 대해서 알고 있고, 우리가 수에 대해서 알고 있기 때문에 덧셈과 같은 계산도 할 수 있고, 자동차 번호판을 읽거나 전화번호를 사용하는 것도 가능한 것이다. 코이즈미 타카시 감독의 영화 〈박사가 사랑한 수식〉에는 기억상실증에 걸린 박사가 집에 일하러 온 가정부에게 생일이 언제냐고 묻는 장면이 나온다. 가정부가 2월 20일이라고 답하자, 박사는 자신의 손목시계에 적혀있는 284라는 숫자를 보여 주면서 220과 284는 친화수(우애수)임을 가정부에게 알려 준다. 220과 280은 친화수인데, 220은 자신을 제외한 약수들의 합이 284가 되고$(1 + 2 + 4 + 5 + 10 + 11 + 20 + 22 + 44 + 55 + 110 = 284)$, 280 역시 자신을 제외한 약수들의 합이 220이 된다$(1 + 2 + 4 + 71 + 142 = 220)$.

박사는 가정부로 하여금 칠판에서 분필로 220과 284의 약수들의 합을 계산해 보게 한다. 가정부는 이전에 친화수가 무엇인지 알지 못했다. 하지만 직접 계산을 해 보고 그 개념을 알게 되었다. 이제 칠판에 분필로 쓴 숫자들과 수식을 지웠다고 하자. 눈에 보이는 숫자들은 지워졌지만 그렇다고 해서 친화수의 개념이 지워진 것은 아니다. 사실 박사는 가정부에게 생일이 언제냐고 물어본 뒤 바로 머릿속에서 친화수를 떠올릴 수 있었다. 그렇다면 썼다, 지웠다 하면서 끊임없이 변화를 거듭하게 되는 숫자가 더 중요한 것일까, 아니면 머릿속에서 생각하게 되는 수가 더 중요한 것일까?

물론 플라톤은 눈에는 보이지 않지만 머릿속에서 이성의 힘으로 생각하게 되는 수가 더 중요한 것이라고 보았다. 바꾸어 말하면, 플라톤은 감각기관을 통해서 보고 듣고 해서 알게 되는 것은 그리 신뢰할 수 없는 반면 머릿속에서 이성의 힘을 통해 알게 되는 것이야말로 진정한 지식이라고 생각했던 것이다. 단지 수뿐이 아니다. 다음의 사진을 보도록 하자.

A, B, C, D는 무엇의 사진인가? 이런 질문은 너무 엉뚱한 것이라

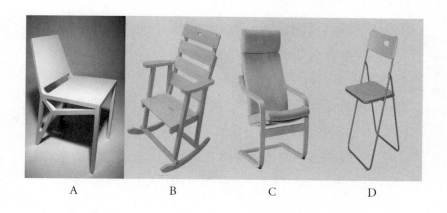

A   B   C   D

서 질문이라고도 할 수 없을 것이다. 이제 갓 말을 배우기 시작한 유아들도 이 네 사진이 의자의 사진이라고 대답할 수 있을 것이기 때문이다. "A, B, C, D는 무엇의 사진인가?"라는 질문은 누구나 답할 수 있는 유치한 질문이겠지만, 이제 "의자"라고 하는 그 질문의 대답을 배경으로 하여 또 다른 질문을 하게 되면 상황이 달라진다. "이 사진이 의자라는 것을 어떻게 알았는가?"라는 질문이 그것이다.

이 새로운 질문 역시 엉뚱하게 느껴질 수 있다. 그래서 누군가는 이렇게 말할 수도 있을 것이다. "이 사진이 의자라는 것을 어떻게 알다니, 내가 바보인 줄 아나?"라고 말이다. 물론 어느 누구도 바보는 아니다. 하지만 이 질문은 그리 엉뚱한 질문이 아니다. 왜냐하면 이 책을 처음 읽는 독자들은 이 사진을 과거에 단 한 번도 본 적이 없을 것이기 때문이다. 다시 말해 이 사진은 내가 지금 막 새로 찍은 사진이며 다른 사람에게 보여 준 적이 없는 그런 사진이다. 따라서 설사 그것이 의자를 찍은 것이라 하더라도, 독자들은 이 사진이나 그것이 나타내고 있는 의자를 과거에 본 적이 없는 새로운 사진이기 때문에 생전 처음 접하는 사진을 보고 그것이 "의자"라는 것을 알아낸다는 것은 매우 놀라운 일이 아닐 수 없다.

물론 과거에 그와 비슷하게 생긴 물체들을 무수히 많이 보아 왔고, 사람들은 그렇게 생긴 물체를 "의자"라고 부르기 때문에, 사진을 본 순간 그것이 의자라는 것을 알아내는 것은 어려운 일이 아닐 것이다. 그리고 그것이 정답일 것이다. 하지만 여전히 궁금한 것은 어떻게 과거에 본 적이 없는 새로운 사진을 보고서 그것이 이 세상에 존재하는 무수히 많은 의자들과 같은 종류의 것이라는 사실을 알아낼 수 있는가 하는 점이다. 이것은 매우 신기한 일이 아닌가?

플라톤의 답변은 아마도 다음과 같았을 것이다. "우리가 눈으로 앞의 사진을 본 순간 그것이 우리가 머릿속에 이미 지니고 있는 '의자라는 것은 이러이러한 형태의 물체다' 라는 개념에 부합하는 사진이라는 것을 알아차리고 '저것은 의자의 사진이다' 라고 답할 수 있다. 만약 우리 각자의 머릿속에 의자가 어떤 형태를 지닌 물체라는 개념이 없다면 어떻게 과거에 한 번도 본 적이 없는 사진을 보고 그것이 의자라는 것을 알 수 있겠는가?"

머릿속 의자의 개념과 사진으로 본 의자의 관계는 마치 앞에서 언급한 박사의 머릿속 친화수와 칠판에 분필로 쓴 숫자와의 관계와 유사하다. 지우개로 칠판의 숫자들을 지우는 순간 눈에 보이는 숫자들은 사라진다. 내가 위에 찍은 사진도 지금은 눈에 보이지만 종이를 찢는 순간 눈에서 사라질 것이다. 눈에 보이는 숫자가 변하는 것이듯 눈에 보이는 사진도 변하는 것이다. 하지만 우리로 하여금 눈에 보이는 숫자를 쓸 수 있게 해 주는 머릿속 수 개념과 눈에 보이는 의자의 사진을 그릴 수 있게 해 주는 머릿속 의자의 개념은 변화하는 것이 아니다.

아마도 조금 더 피부에 와 닿는 비유를 사용하자면, 우리가 신체기관의 하나인 눈을 통해서 세상의 사물들을 보는 것처럼 우리의 머릿속에도 눈이 있다고 생각하면 편할 것이다. 그것은 신체의 눈이 아니라 마음의 눈일 것이다. 신체의 눈으로 보는 것은 끊임없이 변화하는 세계다. 반면 마음의 눈으로 보는 것은 변화하지 않는 세계다. 변화하는 세계는 신체의 눈에 나타난 것(appearance)이며, 나타났기 때문에 사라질 수도 있는 것이다. 반면 변화하지 않는 세계는 마음의 눈인 이성을 통해서만 알 수 있는 세계로 나타났다가 사라지는 것이 아니다. 그것은 진짜로 있는 것(reality)이다.

플라톤 이래로 철학자들은 우리가 알게 되는 세계를 이렇게 두 영역으로 구분하는 경향을 지니게 되었다. 특히 그러한 경향성은 근대에 접어들면서 아주 뚜렷하게 드러나게 되는데, 이른바 5감으로 느끼는 세계, 즉 눈으로 보고(시각), 귀로 듣고(청각), 맛보고(미각), 냄새 맡고(후각), 피부로 느끼는(촉각) 것들은 직접적이기는 하지만 결코 우리가 살고 있는 세계의 본래 모습, 즉 본질적인 모습과는 거리가 있다고 보게 되었다. 그것은 바로 끊임없이 변화하는 세계의 모습일 뿐으로 감각기관에 나타난 현상(appearance)일 뿐이라고 보았다. 반면 감각기관이 아닌 이성을 통해서 알게 되는 세계야말로 나타났다 사라지는 것이 아닌 진정한 실재(reality)라는 것이다.

자, 이제 영화 이야기로 다시 돌아가 보자. 〈미녀는 괴로워〉의 한나는 노래를 너무나도 잘 부르지만 직접 무대에 설 수 없는 몸이다. 가수의 미덕은 노래를 잘 부르는 것이어야 마땅하지만, 비디오가 받쳐 주지 않는 과체중의 한나에게 무대에 선다는 것은 이룰 수 없는 꿈에 지나지 않는다. 반면 완벽한 외모의 가수 아미는 인기 절정이지만 노래 실력은 음치 수준이다. 프로듀서는 아미를 살리고 싶다. 그의 외모로 흥행이 가능하기 때문이다. 한나는 무대 뒤에서 아미의 노래를 대신 부른다. 그리고 관중들은 열광한다. 그들은 무엇에 열광하는 것일까? 아미의 외모? 아니면 한나의 목소리?

이제 장면이 바뀌어서 전신 성형 후에 나타난 제니를 보자. 그는 오디션을 통과하고, 짝사랑하던 프로듀서의 마음도 사로잡게 된다. 이때 프로듀서의 마음을 사로잡은 것은 무엇일까? 제니의 무엇이 제니와 단둘이서 술잔을 기울일 정도로 그의 마음을 움직이게 한 것일까?

제니의 완벽한 몸매인가? 두 사람이 대화를 나누던 중에 프로듀서는 성형미인을 보는 것은 좋지만 자신의 여자친구가 성형수술을 했다면 받아들이기 어려울 것이라고 말한다. 제니는 슬프다.

음반을 내고 인기를 얻기 시작한 제니, 이제 첫 공연무대에 막 서게 되는 순간이다. 그런데 제니가 자연미인이 아니라 성형미인에 지나지 않는다는 사실이 공개된다. 공연장의 관객들이 실망한다. 그들은 제니의 무엇에 실망하는 것일까? 그들의 눈에 완벽한 몸매와 완벽한 가창력의 가수가 한 명 서 있다. 겉보기에 완벽한 아미에게 열광했던 바로 그 청중들이 이제는 역시 겉보기에 완벽한 제니에 실망하고 있다. 그들은 아미의 무엇에 열광했고, 제니의 무엇에 실망하는 것일까?

사람들은 여성들의 외모에 민감하게 반응한다. 날씬한 몸매와 예쁜 얼굴을 나타내는 몸짱, 얼짱이 유행어가 된 지도 오래다. 그래서 많은 여성들이 다이어트와 운동, 피부관리에 많은 시간과 경제적 비용을 쏟아 붓는다. 몸에 칼을 대는 성형수술도 마다하지 않는다. 그런데 영화에서 프로듀서와 관객이 보이는 반응은 눈에 보기 좋은 것에도 종류가 있음을 노골적으로 드러내고 있다. 어차피 맨눈으로는 구분이 안 되는 것임에도 불구하고 사람들은 성형미인보다는 자연미인을 선호한다. 눈에 나타나는 것은 피상적인 것이며, 나타났다 사라지는 현상에 지나지 않으며, 한 사람을 평가하는 진정한 모습이 아닌데도 불구하고 말이다.

사람들이 정말로 가짜는 싫고 진짜가 좋다면 한 사람의 가수로서 인간으로서의 제니의 본 모습이 무엇인지에 관심을 가져야 하지만, 정작 그들은 제니가 원래 아름다운 미모의 소유자였는지 성형수술로 미모를 얻게 된 것인지에 더 관심이 있다. 그런데 성형수술은 감쪽같이 외모를 고쳐 주기 때문에 맨눈으로는 잘 구분이 안 된다. 따라서 제니가 되었든 다른 누가 되었든 성형수술을 했다 하더라도 그 사실이 들통 나지만 않으면 괜찮다.

문제는 이것이 제니 혹은 한나만의 문제가 아니라는 것이다. 사람들의 눈에 어떻게 보이는가가 매우 중요한 연예인들의 경우에는 외모가 치명적일 수도 있다. 하지만 이제는 일반인들도 눈에 보이는 외모에 집착하고 있다. 젊은 여성들이 그렇고, 이제는 남성들도 그 대열에 합류하는 수가 늘고 있다. 남성만을 위한 화장품, 피부관리점도 눈에 띈다. 입사 면접에서 좋은 인상을 주기 위해 성형수술을 하는 남성들도 늘고 있다.

물론 자신의 몸에 대한 자신감을 얻기 위해 외모에 신경을 쓰는 것은 바람직할 수도 있다. 미국에서 공부하던 십수 년 전, 가장 흥미롭게 들었던 이야기 중의 하나가 바로 부모가 장성한 딸의 생일선물로 가슴성형수술을 하게 해 준다는 이야기였다. 공부를 하든, 수영을 배우든, 무엇을 하든 인생에서 자신감을 얻는 것만큼 중요한 것도 별로 없을 테니까 가슴을 확대해서 자신감이 생기기만 한다면 그것도 괜찮은 일일 것이다. 그러나 그것만이 전부가 아니라는 생각을 마음속에 간직하고 사는 것도 괜찮을 것이다. 자신감은 책을 많이 읽거나 음악을 많이 듣고도 생길 수 있는 것이니까.

오히려 노래는 기막히게 잘하지만 외모가 받쳐 주지 않는 한나를 무대에 세우는 대신 날씬한 몸매의 아미를 무대에 세우고 한나를 무대 뒤에 세움으로써 좀 더 안전하게 흥행에 성공하는 길을 택하는 프로듀서와 그가 속한 문화산업의 눈에 보이지 않는 메커니즘을 꿰뚫어 보는 마음의 눈을 가지는 것도 좋을 것이다. 1980년대의 팝음악 중에

〈Money for Nothing〉(Dire Straits)이라는 곡이 있다. 눈에 잘 띄지 않는 실력보다는 눈에 보이는 외모 또는 외면적인 가치만을 추구하는 대중음악계를 냉소적으로 풍자한 이 곡을 들어 보면서 가짜와 진짜, 현상과 실재에 대해 한번 마음의 눈을 크게 떠보면 어떨까? ●

악마는 프라다를 입는다

(The Devil Wears Prada, 2006), 데이빗 프랭클 감독

한때 패션 잡지 《보그》 편집장의 비서로 일했던 로렌 와인스버그는 자신의
경험을 바탕으로 소설 《악마는 프라다를 입는다》를 쓰고 일약 베스트셀러 작

가가 된다. 이 소설은 미국의 중소 도시 출신의 저널리스트 지망생이 패션 잡지사에 입사해서 겪게 되는 신입사원의 애환을 그려냈다는 점에서 많은 이들의 공감을 얻었다. 젊은이들이 학교를 졸업하고 사회에 진출하면서 겪는 온갖 에피소드를 담고 있다는 점에서 일종의 성장 소설인 셈이다.

주인공 앤드리아는 저널리스트가 되는 것이 꿈이지만, 글을 쓰는 자리 대신 《런어웨이》라는 패션 잡지 편집장의 개인 비서가 된다. 비서로서 몇 년 힘들게 일하면 편집장의 추천으로 그럴듯한 직장에서 글을 쓰게 될 것이라는 희망으로 온갖 어려움을 감내하지만, 은연중에 패션계의 일원으로 변모해 가는 앤드리아는 대학 시절 친하게 지내던 친구들과도 멀어지게 된다.

동명 소설에 기초한 영화 〈악마는 프라다를 입는다〉는 글로 읽는 소설이 아니라 눈으로 보는 영화 매체의 특성상 뉴욕과 파리 패션계의 화려한 모습을 눈으로 즐기게 해 준다는 점에서 소설과는 또 다른 차원의 재미를 준다. 영화의 클라이맥스에서 비즈니스 윤리 코드를 건드리기는 하지만, 영화는 겉으로 드러나는 멋과 내적인 아름다움이 어떻게 조화를 이루어야 좋겠는가 하는 물음을 던지면서 다소 철학적인 시각에서 바라볼 수 있는 여지를 준다.

한 사람의 진정한 모습은 화려한 명품 옷과 핸드백, 구두 등 눈에 보이는 것, 외모를 꾸미는 것만으로는 드러나지 않는다는 것임을 다시 생각해 보게 하는 영화다.

4

선악의 피안

늑대와 춤을
(Dances with Wolves, 1990)
케빈 코스트너 감독

옳고 그름, 좋고 나쁨, 혹은 선과 악은 윤리학이 다루는 중심 주제다. 하지만 옳고 그름의 문제나 선악의 문제를 윤리학자나 철학자들만이 다루는 것은 아니다. 아마도 삶을 살아가면서 하루도 옳고 그름과 관련된 가치 판단을 하지 않고 지나가는 날은 없을 것이다. 우리는 연말이 되면 구세군의 자선냄비에 기부하는 것을 보고 "좋은 일"이라고 말하며, 가끔씩 뉴스에 보도되는 불량식품 제조업자를 보고 "나쁜 사람"이라고 말한다. 아이를 낳아 키우면서 말도 하지 못하는 아이에게 가장 먼저 하는 말들은 "우리 아기 착하지", "아이 예쁘다"와 같은 표현들이다.

모두가 윤리학자나 철학자인 것은 아니지만 우리들 각자는 좋고 나쁨 혹은 옳고 그름에 대해서 스스로 가치 판단을 하면서 살아가고 있는 셈이다. 단지 그러한 문제들에 대해서 학문적으로 깊이 있게 다루지 않을 뿐 그런 의미에서 우리 모두는 윤리학자이고 철학자인 셈이다. 만약 우리 모두가 윤리학자이고 철학자라면 선과 악의 문제는 전부 해결된 것이나 다름없지 않을까? 물론 그렇지는 않다. 선과 악의 문제를 직업적으로 연구하는 철학자들도 가치의 문제에 대한 최종적인 답안을 제시하지는 못한다.

그 이유는 어쩌면 인간이 유한한 존재이기 때문에 그런 해결점에 도달하지 못하는 것일 수도 있고, 또 시대에 따라 윤리적 문제들이 생겨나는 맥락이 다르기 때문에 그렇기도 하다. 그러나 철학자들이 최종적인 답안을 제시하지 못한다고 해서 일상의 문제들이 사라지는 것은 아니다. "나는 어떻게 살아야 하는가?"와 같은 질문은 청소년기에 누구나 한번쯤 가져 봄 직한 것이며, 이른바 가치관이나 세계관을 정립하는 데 매우 중요한 계기가 될 수 있기 때문이다.

이처럼 누구나 옳고 그름, 좋고 나쁨, 또는 선과 악의 문제를 일상적으로 접하게 되지만, 이 일상적인 문제가 그리 단순하지만은 않다는 데서 문제가 생긴다. 때로는 "사람마다 선악의 기준이 같은가?"와 같은 질문을 우리가 던질 수 있다. 그나마 "같다"는 대답이 누구에게서나 만장일치로 나온다면 문제는 덜 복잡해지겠지만 그렇지 않을 수도 있다는 점에서 어려움이 발생한다.

설사 "같다"는 대답을 얻을 수 있다 해도 윤리학의 문제가 사라지는 것은 아니다. 무엇이 선이고 무엇이 악인지에 대해서 모든 사람들의 의견이 같다 하더라도 누구나 그러한 기준에 맞게 행동하는 것은 아니라는 점에서 그렇다. 어떤 사람들은 선하게 행동하고, 또 어떤 사람들은 악하게 행동했다고 하자. 이 두 부류의 사람들 사이에는 분명히 갈등이 생길 것이다. 이 갈등을 어떻게 해결할 것인가 하는 또 다른 문제가 분명히 사람들의 골치를 아프게 할 것이다.

살인범과 그의 처벌에 관한 문제가 좋은 예가 될 수 있을 것이다. 누구나 살인이 나쁜 행동이라는 것에 동의한다고 하자. 그럼에도 불구하고 살인 사건이 일어났다. 살인을 저지른 사람도 우리의 가정에 의해 자신의 행동이 나쁜 행동이라는 것을 받아들인다. 하지만 살인이라는 범죄는 다른 범죄들과 달리 사람의 생명을 앗아 가는 중대한 범죄이기 때문에 문제가 발생한다. 그러한 범죄자를 어떻게 처벌할 것인가의 문제를 놓고 사람들의 의견이 달라질 수 있다. 어떤 사람들은 "눈에는 눈, 이에는 이"라는 주장을 펼치며 사형이라는 극형에 처해야 마땅하다고 생각할 것이며, 다른 사람들은 "살인범의 생명도 소중한 것"이라는 주장으로 사형에 반대할지도 모른다.

이처럼 옳고 그름의 문제는 끊임없이 우리의 일상을 맴돌면서 발생하며, 우리들 모두는 어떤 형태로든 이 문제에 관여를 하게 되지만 그리 쉽게 풀리지는 않는 어려운 문제다. 옳고 그름의 문제가 일상적 맥락에서 쉽게 나타나기 때문인지 전통적으로 많은 문학작품들이 이러한 윤리적인 문제들을 건드려 왔다. 우리의 고전문학만 보아도 그렇다. 권선징악이라는 말이 보여 주듯이 조선시대의 많은 소설들은 대다수 사람들이 받아들이는 선과 악의 기준과 그에 대한 사람들의 판단을 작품 속에 담아내고 있다.

그러한 전통은 20세기 들어서면서 영화 예술에도 고스란히 반영되었다. 많은 영화들이 선과 악을 유형화시켜서 보여 주곤 한다. 대개 선을 상징하는 인물과 악을 상징하는 인물이 서로 갈등하고 싸우다가 결국에는 선이 악을 이긴다는 식의 스토리 전개는 할리우드 장르 영화에서 익숙한 것이다. 그리고 아마도 그러한 플롯을 가장 잘 활용한 장르가 서부영화일 것이다.

고전적 서부영화의 이야기 구조는 보통 이렇다. 서부 개척 시대의 한 마을에 악당이 나타나 마을사람들을 괴롭힌다. 이때 악당은 종종 현상금이 걸린 포악한 범죄자다. 그런데 어디선가 정의감에 불타는 총잡이가 마을에 나타나 악당과 부딪치며 갈등을 고조시킨다. 보통 하얀 카우보이 모자를 쓴 이 정의의 사도는 대개는 검은 모자를 쓴 탐욕으로 가득 찬 악당과의 마지막 결투 끝에 이긴다. 악의 세력을 물리치고 개척자들의 마을에 법과 질서를 회복시킨 이 선한 영웅은 황야를 향해 쓸쓸히 떠난다.

때로는 포악한 범죄자 대신 야만적으로 묘사된 아메리카 원주민들이 악의 축을 대신하기도 한다. 이에 대항하는 선한 세력으로는 정의감에 불타는 총잡이 외에도 멋진 제복을 차려입은 기병대가 출동해 인디언 소탕작전을 펼친다. 기병대의 나팔소리와 말끔한 군복은 문명을 상징하고 웃통을 벗고 기성을 지르며 활을 쏘아 대는 인디언은 야만을 상징한다. 그러한 야만은 술주정뱅이거나 백인 양민을 무자비하게 살해하는 사악한 존재로 그려지며, 따라서 제거되어야 마땅한 것으로 여겨진다.

서부영화의 거장인 존 포드가 만든 〈역마차, 1939〉를 필두로 1940년대와 1950년대에 만들어진 수많은 서부영화들이 이렇게 선과 악의 이분법 아래 선이 악의 세력을 물리친다는 이야기 구조를 지니고 있다. 〈역마차〉에는 각각 다른 목적으로 역마차를 타고 다른 지역으로 이동하는 사람들이 등장한다. 그런데 이들의 최우선 관심사는 수시로 출몰하는 인디언의 위협으로부터 어떻게 안전하게 목적지까지 가는

가 하는 것이다. 역마차와 함께 하는 사람들의 이야기는 그 시대를 살아가는 미국인들의 삶을 압축적으로 보여 주는 것이다. 어떤 이는 아기를 낳고, 어떤 이는 사랑을 하고, 어떤 이는 술을 마시고, 어떤 이는 장사에 관심이 있다. 인디언들은 이러한 평범한 삶에 방해가 되는 악일 뿐이며 반드시 극복해야 할 대상이다.

어떤 이들은 서부영화에 나타나는 이런 성격을 미국이라는 나라의 건설과 개척정신에 잠재되어 있는 기독교의 메시아주의와 관련시키기도 한다. 중세 기독교 철학에 따르면 인간의 역사는 지상에 하느님의 나라를 세우려는 지난한 과정이다. 문제는 현실 세계에서 끊임없이 발견되는 악인데, 이러한 악은 신의 왕국을 세우는 거대한 드라마를 더 극적으로 만들어 주는 요소로 작용한다. 궁극적으로는 선의 세력이 악을 물리치고 위대한 하느님의 나라를 만들 것이라는 약속인 것이다.

미국의 서부 개척 역시 끝도 모를 광활한 대지를 맨손으로 일구어 내어 위대한 국가를 만들고자 하는 종교적 사명감과 관련이 있다. 동부의 백인들과는 별개로 스페인 식민지였던 멕시코에서 출발하여 북미 대륙의 서부연안인 캘리포니아를 개척한 스페인 사람들 역시 한 손에는 성경 그리고 다른 한 손에는 총을 들고 그들의 눈에 미개하게 비친 아메리카 원주민들을 기독교로 개종시키려는 노력을 게을리하지 않았다. 그들은 캘리포니아에 정착할 때마다 미션이라는 가톨릭 종교 공동체를 건설했다. 샌프란시스코, 샌타바버라, 샌디에이고와 같은 성자의 이름을 지녔던 미션들은 오늘날 캘리포니아주의 주요 도시로 발전했다.

결국 새로운 문명국가를 신대륙에 건설하는 데 방해가 되는 비문명 상황은 야만이라는 미명하에 악의 세력으로 치부되었고, 악을 제거하는 것에는 자부심을 느꼈으면 느꼈지 죄책감이 들리는 만무한 것이었다. 그리고 이러한 상황과 정서는 이른바 고전적 서부영화에 고스란히 배어 있다. 미국인이 아니더라도 그런 서부영화를 보는 관객은 선과 악의 이분법적 매커니즘에 쉽게 동화된다.

그런데 흥미롭게도 시간이 흐르면서 서부영화를 바라보는 시각에 변화가 일어났다. 제2차 세계대전이 끝나고 1950년대부터 서서히 그런 흐름이 꿈틀대다가 베트남전과 흑인민권운동 등으로 대내외적으로 변혁기를 맞은 1960년대 말이 되면서 미국에서 수정된 시각의 서부영화들이 만들어지기 시작한 것이다. 아서 펜 감독의 〈작은 거인, 1970〉은 백인이었지만 샤이엔 부족에 의해 키워진 잭 크랩이란 인물의 회고담 형태를 띤 영화다.

원래 이름은 잭이지만 샤이엔 부족에 의해 작은 거인이라 불린 이 기구한 운명의 사나이는 의도했건 아니건 인디언 부족과 백인 문명을 왔다 갔다 하며 정체성의 혼란을 느낀다. 하지만 그가 본 백인 사회는 결코 선한 것만도 아니었고 고상한 것만도 아니었다. 그는 오히려 도덕적 타락과 사기, 배신이 넘쳐나는 백인 사회를 떠나 인디언 부족과 살기로 한다. 두 문화를 모두 경험한 그는 오히려 인디언의 삶이야말로 자연친화적이고 평화로운 것임을 깨닫게 된 것이다. 121세의 그를 취재하러 온 저널리스트가 인디언의 원초적인 삶의 방식에 대해 말해 달라고 하자 잭은 오히려 인디언들은 스스로를 "인간"이라고 불렀고 인디언들의 눈에 (백인들이) 인간(이라고 부르는 것)은 그저 "백인"이었을 뿐이라고 답한다.

여기서 잭의 말과 영화가 보여 주는 것은 고전적 서부영화가 관습적으로 견지해 온 선과 악의 이분법으로는 설명할 수 없는 것이다. 고전적 서부영화는 정의감에 불타는 영웅과 악행을 일삼는 무법자의 대립 구도, 또는 황무지를 일구어 문명을 건설하려는 백인과 그러한 문명 건설을 방해하는 야만의 인디언 사이의 대립 구도라는 이야기 구조에서의 관습을 유지해 왔다. 그러나 백인이지만 인디언이 키운 작은 거인 잭 크랩의 눈에는 그러한 선과 악의 구도는 성립하지 않으며, 오히려 백인이 더 악에 가까운 것으로 보인다.

우리는 이제 궁금해지지 않을 수 없다. 백인은 선, 인디언은 악이라는 생각이 흔들리거나 뒤바뀔 수 있게 된 것은 무엇 때문인가. 이러한 궁금증은 〈작은 거인〉보다 20년 뒤에 만들어진 케빈 코스트너 감독의 〈늑대와 춤을〉을 보는 순간 더 증폭된다. 잭 크랩은 소년 시절부터 인디언에게 의해 길러진 경우였지만, 〈늑대와 춤을〉의 주인공 존 던바(캐빈 코스트너)는 미국에 충성심을 지닌 기병대 장교이다. 그는 사람의 흔적조차 구경하기 힘든 외딴 근무지에 단신으로 부임하여 외로운 나날을 보내다 라코타 수족(Lakota Sioux) 인디언들과 인간적 관계를 맺게 된다.

서서히 주변에 살고 있던 수족 인디언과 친해지게 된 던바는 그들이 전혀 호전적이지 않고 도리어 평화를 사랑하며 자연친화적인 삶을 누리고 있음을 알게 된다. 그저 들소 떼가 지나가기를 기다리면서 가을을 보내고 겨울을 날 생각을 하는 자연스런 삶이다. 이제 던바는 수족의 삶에 매료되고 그들과 진정한 친구가 되어 '늑대와 춤을'이라는 이름으로 불리기에 이른다. 이러한 상황은 기병대의 관점에서는 용납될 수 없는 것이었다.

던바는 기병대에 의해 체포되고 탈영병이자 인디언 취급을 받는다. 자신에게 가혹하게 대하는 백인 기병대에 환멸감을 느끼는 던바는 이제 자신이 미국 기병대의 일원이 아니라 수족의 일원이며 자신의 이름은 던바가 아닌 `늑대와 춤을`이라고 생각하게 된다. 그의 믿음에 부응하듯이 수족 인디언들은 늑대와 춤을의 구출작전을 펴는데, 이 과정에서 관객은 묘하게도 자연스럽게 늑대와 춤을이 인디언들에 의해 무사히 구출되기를 바라는 관점에 서게 된다.

이것은 매우 놀라운 관점의 변화인데, 영화를 관람하는 대부분의 시간 동안 관객은 주인공인 백인의 관점에서 세상을 바라보도록 유도되다가 영화의 뒷부분 클라이맥스의 결정적인 순간에 인디언의 관점에서 세상을 바라보게 되기 때문이다. 기병대의 제복에서 인디언 복장으로 옷을 갈아입었을 뿐 던바의 외모는 전혀 바뀐 것이 없다. 그리고 영화는 바로 그 한 사람의 관점에서 세상을 바라보게 한다. 영화의 대부분을 백인의 시각에서 백인은 문명이고 인디언은 야만이라는 시각으로 세상을 보다가 마지막 부분에 가서는 같은 사람에 의해 정반대의 관점으로 세상을 보게 되는 것이다. 즉 일관성을 유지해야 한다면 관객은 처음부터 끝까지 기병대가 이기기를 바라야 할 것이지만, 마지막 부분에 이르면서 기병대는 더 이상 선의 대변자가 아니라 악행을 일삼는 존재로 여겨지게 된다는 것이다.

〈늑대와 춤을〉이 보여 주는 관점의 변화는 선과 악에 대한 가치판단이 절대적인 것인지에 대한 물음을 제기한다. 과거에 많은 서부영화들이 백인들은 선한 존재로, 인디언은 악한 존재로 묘사했다. 실제로 미국의 서부 개척 시대에 백인들은 인디언을 미개한 야만인으로 생각했으며 죽어 마땅한 존재로 여겼다.

하지만 1세기가 지난 오늘날의 관점에서 볼 때 백인 개척자들에 의

늑대와 춤을 (Dances with Wolves, 1990)

해 인디언에게 저질러진 행동은 무자비하고 끔찍한 종족살해로, 오히
려 문명적 행동이라기보다는 야만적 행동이었다고 말하는 것이 그리
과장된 표현으로 느껴지지 않을 정도다. 그렇다면 도대체 인디언 문
제와 관련하여 어떠한 변화가 일어난 것일까?

　19세기 말까지만 해도 백인들은 인디언을 자신들과 동등한 인간이라고 생각하지 않았다. 인간보다 열등한 종족으로 본 것이었다. 바로 그러한 생각 때문에, 즉 인간이 아니기 때문에 인디언을 죽이면서도 그것이 도덕적으로 악한 행동이라고 느끼지 못했던 것이다. 실제로 그 당시에 흔히 사용되었다는 슬로건 "인디언을 죽여서 인간을 살리자"(Kill the Indian and save the man)는 바로 그러한 백인의 인식을 잘 대변해 준다.

이 슬로건은 영화 〈작은 거인〉에서 잭 크랩이 인디언과 백인에 대해서 말한 것과 정반대되는 인식이며, 세상을 바라보는 눈이 사람마다 혹은 문화마다 상대적일 수 있음을 잘 보여 주고 있다. 하지만 오늘날 인디언을 인간이 아니라고 생각하는 사람은 없다. 이제 인디언을 피부색이 하얀 주류 미국인들과 동등한 인간으로 여기게 된 이상 〈작은 거인〉이나 〈늑대와 춤을〉과 같은 서부영화가 만들어지는 것은 전혀 이상한 일이 아니다.

오늘날의 관점에서 종족살해나 다름없는 백인들의 행동은 선이 아니라 악이다. 얼핏 보기에 이것은 선과 악의 기준이 변한 것처럼 여겨질 수 있지만, 사실은 선악의 기준이 변한 것이 아니라 인간에 대한 백인들의 기준이 바뀐 것일 뿐이다. 인디언은 인간이 아니기 때문에 죽여도 괜찮다고 생각했으나, 오랜 시간이 흐른 뒤 인디언을 인간이 아닌 것으로 여긴 것은 잘못된 것임을 깨닫게 된 것이다.

그렇다면 세상을 바라보는 눈이 사람마다 혹은 문화마다 다를 수는 있겠지만, 선과 악에 대한 기준 또한 그에 따라 다르다고는 말할 수 없을 것 같다. 적어도 사람의 생명과 관련된 문제에 관해서는 말이다. 어느 문화권이나 사람의 생명은 소중한 것으로 보며, 살인을 저지르는 것을 용납하지 않는다. 그래서 인류는 역사를 통해서 살인범에 대해서는 사형이라는 극형을 내려왔다. 하지만 오늘날 많은 나라에서 사형이라는 처벌 역시, 사람이 만든 사법제도에 의해 국가가 또 다른 사람의 생명을 빼앗는 것이라는 점에서 비인도적인 형벌로 여기고 있다.

이처럼 "사람을 죽여서는 안 된다"라든지 "도둑질을 해서는 안 된다"와 같이 보편적으로 받아들여질 만한 가치 판단이 가능한 경우는 얼마든지 있다. 그러한 경우란 아마도 칸트가 말한 정언명법에 의해 잘 설명될 수 있을 것이다. 정언명법이란 제법 어려운 용어지만 그 내용을 풀어 보면 누구나 상식적으로 이해할 수 있는 것이다.

사람마다 나름대로 행동의 기준이 되는 도덕 규칙을 세울 수 있다. 민수라는 친구가 있다. 그는 "나는 도둑질을 하지 않겠다", "나는 거짓말을 하지 않겠다", "나는 약속을 잘 지키겠다"와 같은 규칙을 세웠다. 이는 민수의 의지에 따라 세워진 규칙이며, 다른 사람들도 그러한 규칙을 가지고 있는지는 알 수 없다. 하지만 다행히 민수의 규칙은 보편적으로 받아들여지는 규칙이라서, 그것을 어기는 사람들은 도덕적으로 그리 환영받지 않는다. 누구라도 도둑질이나 거짓말을 하는 사람을 좋아하지 않을 것이기 때문이다.

그런데 민수는 남성 우월적이고 가부장적 권위를 중시하는 집안에서 태어나고 자랐다. 그래서 사회에서나 가정에서나 남성이 여성보다 좀 더 대접받아야 한다는 생각을 은연중에 가지게 되었다. 학교에서 배운 대로 "남녀차별을 하지 말아야 한다"라는 것을 자신의 규칙으로 하고 싶지만, 어려서부터 할머니로부터 남자들은 부엌에 들어가면 안 된다는 말부터 암탉이 울면 집안이 망한다는 말에 이르기까지 성차별적인 이야기들을 수도 없이 들어 온 민수는 남녀차별은 불가피하다는 생각을 지니고 있다. 따라서 민수는 "나는 남녀차별을 하지 않겠다"

와 같은 규칙을 세우거나 지키겠다는 생각을 할 수 없다.

문제는 민수가 세운 앞의 세 규칙은 다른 사람들의 생각이나 규칙과 충돌할 가능성이 적어 보이지만, 성차별과 관련된 규칙에서는 다른 사람들이 세운 규칙과 충돌할 가능성이 높다는 것이다. 그는 남녀차별이 불가피하다고 생각하고 행동할텐데, 요즘의 여성들은 대부분 그렇게 생각하지 않을 것이기 때문이다.

칸트는 정언명법을 통해서 보편적인 도덕법칙을 원했다. 민수의 마지막 규칙은 보편적인 것이 될 수 없다. 반면 민수가 세운 앞의 세 규칙처럼 민수 스스로의 의지에 의해서 세운 규칙이지만 그러한 규칙이 보편적인 것으로 타당성을 지닌다면 그러한 규칙이야말로 정언명법에 부합하게 되는 것이다. 요컨대 나의 의지대로 행동했는데 그러한 행동이 다른 모든 사람들 역시 그렇게 행동하기를 원하는 것이라면, 그것은 바로 정언명법에 부합하는 행동인 것이다.

말하는 것은 쉽지만, 실제로 그렇게 행동하는 것은 매우 어렵다. 누구나 다소간 자기 마음대로 하기를 원하지만, 혼자 사는 것이 아니기 때문에 내 마음대로 한 행동은 다른 사람에게는 해가 되기도 하고, 해는 되지 않는다 하더라도 폐가 되는 경우가 너무도 많기 때문이다. 민수가 세운 앞의 세 규칙의 경우도, 비록 그가 의지해서 그러한 규칙을 세우기는 했지만 그 규칙들을 위반하지 않고 살기란 그리 쉬운 일이 아니다.

따라서 누구나 받아들여야 할 절대적이고 보편적인 선과 악의 기준 같은 것이 있다는 생각은 문제점에 봉착하게 된다. 우리는 과연 모든 사람들이 받아들일 수 있는 보편적인 규칙이 있을 수 있는지에 대해서 의문을 제기할 수 있다. 사람을 죽여서는 안 된다와 같은 비교적 쉽게 동의할 수 있는 경우도 없지는 않지만, 대체로 "거짓말을 하지 말라"와 같은 경우만 해도 사람마다 달리 생각할 수 있기 때문이다. 일례로 우리는 선의의 거짓말을 할 수도 있다. 나치의 유대인 학살의 와중에서 무고한 유대인을 살리기 위해서 거짓말을 할 수밖에 없는 상황을 쉽게 상상할 수 있다.

즉 "거짓말을 하지 말라"가 보편적으로 받아들여지는 도덕법칙이라는 것은 거짓말을 하지 않는 것이 선이고, 거짓말을 하는 것은 악이라는 뜻이다. 따라서 사람들은 언제나 선을 행하도록 요구된다. 그런데 "살인을 하지 말라" 역시 보편적으로 받아들여지는 도덕법칙이라고 할 때, 문제가 발생할 수 있다. 유대인이 숨은 곳을 발설하면 나치는 유대인을 살해할 것이다. 그래서 그 행방을 묻는 나치의 질문에 어떤 사람이 "모른다"고 거짓말을 한다면, 그는 악을 행한 것인가?

이처럼 선과 악을 판단하는 절대적인 기준이 있다고 가정해도 살아가면서 무수히 많은 가치판단을 하게 되는 우리들은, 많은 가치들이 서로 충돌하는 상황이 발생할 수 있다는 것을 쉽게 알 수 있다. 그렇게 가치들이 충돌할 때 과연 우리는 어떻게 판단하고 행동해야 할까? 아마우리 모두는 개인적으로 충돌하는 가치들이 지니는 중요성의 경중을 헤아려 보고, 더 중요하다고 생각하는 가치에 따르려고 할 것이다. 사람의 생명이 더 중요하다고 생각하기 때문에 나치의 질문에 거짓말로 대답하는 것은 도덕적으로 악한 행동이 아니라고 판단한다는 것이다.

하지만 우리가 삶을 살아가면서 그렇게 쉽게 결론이 나는 일만을 겪게 되는 것은 아니다. 사회적으로 이슈가 되고 논란이 되는 문제들은 그렇게 쉽게 가치들의 경중을 따질 수 없는 경우가 대부분이다. 예를 들어 지금은 성차별이 올바르지 않다는 데 대다수의 사람들이 동의한다. 하지만 군대를 갔다 온 남성들이 취업을 할 때 가산점을 받는 것이 성차별에 해당하는 것인지의 문제는 그리 쉽게 결론이 나지 않는다.

또한 사람들은 언제나 자신 있게 특정 사안에 대해서 올바른 가치판단을 한다고 생각하지만, 인간으로서의 한계 때문에 반드시 그렇지도 않은 것이 현실이다. 수많은 서부영화의 예만 봐도 그렇다. 19세기의 백인들은 인디언은 사람이 아니니까 죽여도 된다는 판단을 했지만 그것을 잘못된 판단이었다. 인간인 이상 잘못된 가치판단을 할 가능성은 얼마든지 있다.

우리는 살아가면서 거의 하루도 빠짐없이 각자의 주변에서 일어나는 일들에 대해서 가치판단을 하게 된다. 무엇이 옳고 그르며, 무엇은 해도 되거나 해서는 안 되며와 같은 판단을 내리게 되고 행동을 하게 된다. 이미 그렇게 판단하고 행동하는 우리 모두는 윤리적으로 행동하는 인간인 셈이다. 그저 단순히 자신이 편한 방식으로만 생각하기를 접어 두고 이제부터라도 이렇게 행동해도 괜찮을까? 괜찮다면 왜 괜찮은 것일까? 안 괜찮다면 왜 그런 것일까? 이런 질문들을 던져보자. 마땅히 그렇게 진지하게 생각하고 행동해야 하지만, 바쁘고 복잡한 일상을 사는 우리들 대부분은 그 과정을 생략하는 데 익숙해져 있을 뿐이다. 그 익숙함을 거부하고 번거롭지만 다시 그런 질문을 던지기 시작한다면, 이미 우리는 생활 속의 철학자인 셈이다. ✎

매치 포인트 (Match Point, 2005), 우디 알렌 감독

왠지 강박적 성격을 지녔을 것만 같은 외모로 자신이 만드는 다수의 영화에
직접 주인공으로 출연해 온 우디 알렌이 직접 출연하지는 않고 감독만 한 영
화다. 그 자신의 외모와 뒤섞여 많은 영화에서 자연스럽게 떠오르는 이미지

는 뉴욕이라는 대도시, 소심하고 위선적인 지식인, 단세포적으로 살아가는 현대인들의 고독함 등이다. 그런 측면을 고스란히 담아내고 있는 영화 〈맨하탄〉은, 무게감 있는 내용을 가볍게 소화해 낸 우디 알렌의 연기에서부터 컬러의 시대에 흑백으로 너무나 아름답게 찍어 낸 영상미까지 내가 무척 좋아하는 영화다.

우디 알렌은 거기에 한층 더 깊이 들어가서 선과 악 같은 가치의 문제를 건드린 영화도 만들었다. 〈범죄와 비행〉이 그런 사례에 속한다. 이제 나이 70을 넘긴 알렌 감독은 뉴욕을 너머 런던으로 장소를 옮겨 〈범죄와 비행〉 이후의 도덕 수업을 시도한다. 영화 〈매치 포인트〉에서 알렌 감독은 가난한 테니스 코치 크리스가 애정 없는 결혼을 통해 런던의 상류사회에 진입하고, 끔찍한 범죄를 저질러서까지 출세욕을 불태우는 과정을 그려 내고 있다. 흥미로운 것은 그 과정에서 흔히 설정하게 되는 선과 악의 구도를 교묘하고도 노련하게 운의 좋고 나쁨의 구도로 재설정해 나가고 있다는 점이다. 그래서 영화는 어떤 의미에서 도덕 수업이 아니라 노회한 대가의 인생 수업처럼 보이기조차 한다.

훗날 자신의 운명을 그야말로 운에 맡기게 되는 주인공 크리스가 영화의 전반부에서 세 들어 사는 런던의 아파트 소파에 앉아 도스토예프스키의 《죄와 벌》을 읽는 장면은 그래서 매우 인상적이다. 궁극적으로 영화가 《죄와 벌》의 코스를 따르지 않기 때문에 관객은 마치 이 영화가 도스토예프스키적인 도덕 수업에 대한 조롱이거나 비아냥거림으로 느낄 수도 있을 것이다. 하지만 꼭 그렇게 느낄 필요는 없어 보인다. 영화는 그림자처럼 따라다니는 가치의 문제를 없앨 수는 없지만, 그 이상의 운이 작용하는 것이 인생이라는 무대임을 그의 전매특허인 아이러니를 통해 보여 주려 한 것이 아닐까? 결국은 "태어나지 않는 것이 가장 행복한 일"이라는 소포클레스의 말을 영화가 인용하고 있는 점에 주목해 보자.

- 5 -
자유, 그 무거움에 대하여

굿 나잇, 앤 굿 럭
(Good Night, And Good Luck, 2005)
조지 클루니 감독

"약속은 지켜야 하는 거잖아. 학교에서 배웠잖아. 그러니까 내일 그렇게 하도록 하자." 어느 날 저녁, 전화기에 대고 친구 윤지에게 수아가한 말이다. 나의 딸 수아는 이제 겨우 초등학교 2학년이지만 친구에게전화를 걸어 제법 그럴듯한 대화를 나눈다. 그 대화를 얼핏 들은 나로서는 도대체 무슨 약속이 있었고 무엇이 문제인지는 몰라도 초등학교2학년만 되어도 학교에서 약속을 지키는 것이 옳은 일이라는 윤리적판단을 내릴 수 있도록 교육받고 있음을 확인할 수 있었다.

알고 보니 우리나라의 현행 교육과정에 따르면, 초등학교 3학년부터 고등학교 1학년에 이르기까지 도덕이라는 이름의 교과를 가르치고있으며 초등학교의 첫 2년간은 바른생활이라는 과목을 배우게 되어있었다. 옳고 그름, 즉 가치의 문제를 다루는 교과목을 초, 중등학교에서 무려 10년 동안이나 배우도록 한 것을 보면 도덕이나 윤리가 무시할 수 없을 정도로 중요한 교육적 가치를 지니고 있는 것은 분명해 보인다.

그런데 초등학교 2학년도 잘 알고 실천하려고 하는 그러한 도덕과 윤리가 교육을 하면 할수록, 시간이 지나면 지날수록 학생들에게는 그리 중요하지도 않고 별로 재미도 없는 교과목으로 여겨진다고 한다. 일부 중학생들은 도덕 교과목을 똥덕이라고 부른다고 한다. 학년이 높아질수록 시민 윤리나 사회 윤리와 같이 건강한 민주 시민으로 살아가기 위한 덕목들을 배우게 되는데 똥덕이라니 이게 웬 말인가?

게다가 대학을 거쳐 사회에 나가면서 적지 않은 사람들이 가치의 문제를 다루는 윤리나 도덕을 별로 가치 없는 개념이나 학문으로 여기기도 함을 발견하게 된다. "도덕이 밥 먹여 주나?"와 같은 말은 사람들이 느끼는 도덕의 무가치함을 웅변적으로 드러낸다. 여기서 도덕을 밥 먹는 문제와 연관 짓고 있는 것은 곧 도덕은 돈 벌어 잘 사는 데에는 별 도움이 되지 않는다는 의식이 깔려 있다. 아니 어쩌면 도덕은 돈을 잘 버는 데 걸림돌이 될 수도 있다는 의식이 도사리고 있는지도 모르겠다.

하지만 역사를 통해서 우리는 "도덕이 밥 먹여 주나?"라는 말이 금언으로 전해 내려온다는 이야기는 듣지 못했어도 "인간은 빵만으로 살 수는 없다"라는 말은 성경을 비롯해서 여러 맥락에서 사용되고 있음을 잘 알고 있다. 물질적인 충족도 중요하지만, 그것은 인간답게 살기 위한 필요조건이 될지는 몰라도 결코 충분조건인 것은 아니다. 잘 먹고 잘 살기 위해서 열심히 일하고 열심히 돈을 버는 것만으로는 충분하지 않다. 어떻게 일하고 어떻게 돈을 버는가의 문제도 매우 중요한 것이다.

과거에는 학교에서 가르치는 도덕이나 윤리가 1970년대 군사정권에 의해서 전체주의적인 국가의식을 개인들에게 부과한 반공·도덕이나 국민윤리 덕에 부정적인 이미지가 있었던 것이 사실이지만, 군사정권이 종식되고 민주화가 한층 진전된 오늘날에도 도덕이나 윤리가 학생들에 의해 비하되는 현상은 아무래도 심상치가 않다. 왜냐하면 어떤 일을 하든, 얼마나 돈을 벌든, 가치의 문제는 사람이 삶을 살아가는 데 있어서 언제나 그림자처럼 따라다니는 문제이기 때문이다.

　　모두가 먹고 살기 힘들었던 시절, 보릿고개가 있던 시절에는 그야말로 사람들의 마음에 도덕이나 윤리가 자리하기 어려웠을 수도 있다. 당장 먹고 사는 것이 급한 상황이었을 것이기 때문에 일단 돈을 버는 것이 중요하지 어떻게 돈을 버는 것이 옳은지에 대한 물음은 우선순위에서 밀려나기 마련이었을 것이다. 하지만 이제 그런 시대는 지났다. 우리나라를 아직 선진국이라고 부르는 일은 거의 없지만, 그렇다고 해서 국제적으로 저개발국가나 후진국 혹은 못사는 나라로 여겨지지도 않는다.

　　가치의 문제는 비단 돈을 버는 것에만 국한된 것이 아니다. 우리가 삶을 살아가는 데 상당히 많은 부분에 있어서 옳고 그름의 문제와 직면하게 된다. 어떤 직종에서 무슨 일을 하든 말이다. 경영자들에게는 경영 윤리, 노동자들에게는 노동 윤리, 상인들에게는 상도덕이 있다. 공직자들에게는 공직자 윤리, 의사들에게는 의료 윤리, 법조인들에게는 법조 윤리가 있다. 운동선수들에게는 스포츠 윤리, 예술가들에게는 예술 윤리, 군인들에게는 군대 윤리가 있다. 게다가 언론, 방송과 관련해서는 언론 윤리, 방송 윤리가 있으며, 인터넷과 관련해서는 사이버 윤리가 있다.

이 중 몇몇 예를 들어 보도록 하자. 모든 공직자들에게는 직무와 관련하여 얻는 정보로 개인적인 이익을 추구하는 행위를 금하도록 하고 있다. 그러한 행위는 공공의 이익을 대변해야 할 공직자의 신분에 맞지 않는다고 여겨지기 때문이다. 예를 들어 특정국가기관의 공무원이 직무를 수행하면서 수도권의 특정 지역에 신도시를 개발하게 된다는 정보를 얻게 되었다고 하자. 개인적 이익을 앞세운다면, 그러한 정보를 얻자마자 해당 지역에 부동산을 많이 사놓을 경우 개발 후에 막대한 차익을 얻게 될 가능성이 높다. 따라서 그러한 일이 일어나는 것을 방지하기 위해 공직자윤리법을 만들어서 고위공직자들의 재산을 등록하고 공개하는 등 제도적 장치를 마련하고 있다.

의사들도 단순하게 환자를 치료하는 것 외에 특정 사안에 대해 어떻게 하는 것이 옳은 행위인지 가치판단을 내려야 하는 상황에 자주 접하게 된다. 항생제 과다 처방과 같은 과잉진료 문제부터 시작하여 낙태, 장기이식, 안락사와 같은 직접적으로 생명과 관련된 문제에 이르기까지 의사의 행위 역시 가치판단이 개입될 수밖에 없는 문제들이다.

또한 의사들 역시 사회적으로 영향력이 큰 직종에 종사한다는 점에서 공직자 이상으로 공공의 이익에 기여할 책임이 있다. 법률 개정과 관련하여 2000년과 2007년에 한국의 일부 의사들은 진료를 쉬고 파업을 벌였다. 명분이 있었는지의 여부를 떠나 환자들의 생명을 담보로 한 의사들의 파업이 윤리적으로 옳은 것이었는가의 문제 역시 파업 당사자들인 의사는 물론 공익의 당사자인 국민들 모두가 곰곰이 생각해 보아야 할 문제다.

예술가들 역시 윤리적 판단으로부터 자유로울 수 없다. 통상적으로 예술가들은 작업의 본성상 표현의 자유를 보장받아야 한다고 생각한다. 하지만 어떠한 사회나 국가에서도 개인에게 무한정의 자유가 주어질 수는 없으며, 그 사회가 공유하고 있는 가치관이나 법률적 판단에 영향을 받기 마련이다. 몇 년 전 어느 중학교 미술교사가 인터넷 홈페이지에 부인과 함께 찍은 누드사진을 올려놓고, 이를 자신이 근무하는 학교 홈페이지와 연결해 놓아 학생들이 쉽게 접근할 수 있게 한 혐의로 기소되어 1, 2심에서 무죄판결 이후 대법원에서 유죄판결이 내려진 사건이 있었다. 예술의 경우 이처럼 법에 의해 규제되는 경우 외에도 대중가요처럼 가사나 뮤직비디오의 내용이 선정적이라는 이유로 지상파 방송사로부터 방영금지 판정을 받는 사례가 종종 일어난다.

영화의 경우도 예외일 수 없다. 다큐멘터리 영화감독 에릭 스틸은 미국의 골든 게이트 브리지에서 투신자살하는 사람들의 모습을 담은 영화 〈다리, 2006〉를 만들었다. 2004년 한 해 동안 골든 게이트 브리지에서 삶을 비관해 바다에 몸을 던진 사람이 23명이라는 것은 어떠한 가치판단도 개입되지 않은 일어난 하나의 사실이다. 그렇게 일어난 사실을 있는 그대로 찍어서 "다리"라는 제목의 영화로 만들었다는 것은 또 하나의 사실이다. 하지만 두 번째 사실에는 단순히 일어난 하나의 사실을 다른 사람들에게 전달한다는 것 이상의 의미가 개입되어 있다. 감독은 자신의 영화가 자살을 시도하려는 사람들에게 경각심을 불러일으켜 자살방지 효과를 가질 것이라고 말했다. 이미 감독은 영화를 찍기 전에 가치판단을 하고 있었던 것이다.

이처럼 그러한 영화를 찍는 감독 자신이 가치판단으로부터 자유로울 수 없을 뿐 아니라 영화 자체도 많은 사람들로부터 논란의 대상이 된다는 점에서, 즉 영화가 공적으로 보여 줄 수 있는 내용의 한계가 어디까지인가라는 또 다른 윤리적 질문을 던지게 되는 것이다.

단지 몇 개의 예를 들었을 뿐이지만, 사람은 살아가면서 매우 자주 윤리적인 문제에 부딪치게 되며, 그와 관련하여 무엇이 옳고 그른지에 대해서 끊임없이 판단을 요구받는다는 것을 쉽게 알 수 있다. 이 세상에서 나 혼자 살아가는 것이라면 가치판단은 큰 문제가 되지 않을 것이다. 혹자는 사회 속에서도 결국은 혼자일 뿐이고 홀로 살아가고 있을 뿐이라고 생각할지도 모른다. 하지만 우리는 사회의 일원으로서만 삶을 누릴 수 있으며 서로 알지 못하는 경우에조차도 동료 구성원들로서 서로 돕고 나누면서 살 수밖에 없다.

따라서 자신이 직장에서 공적인 삶을 추구하든 개인적으로 사적인 삶을 누리든 가치의 문제는 늘 그림자처럼 사람의 뒤를 따라다니게 마련이다. 물론 그림자와 같으므로 그냥 접어 두거나 애써 모른 척 하거나 아예 무시할 수도 있다. 하지만 개인은 사회의 일원으로서만 삶을 누릴 수 있다고 할 때, 결국 그런 행동은 개인이 속한 공동체에게 좋지 않은 영향을 미칠 것이며 궁극적으로 그러한 영향은 부메랑이 되어 그 개인에게도 좋지 않은 영향을 줄 것이다.

사람들의 삶에 많은 영향을 줄 수 있는 윤리적 문제와 관련하여 이제 살펴보고자 하는 영화는 〈굿 나잇, 앤 굿 럭〉이다. 이 영화는 미남 배우 조지 클루니가 영화감독으로 변신하여 만든 두 번째 장편영화다. 미국에서 텔레비전이 널리 보급되어 새로운 대중매체로 정착된 1950년대 초를 배경으로 한 이 영화는 텔레비전 저널리즘 윤리에 대해 물음을 던지고 있다.

집집마다 텔레비전이 보급된 것 외에도 1950년대 미국은 매우 흥

미로운 시기였다. 제2차 세계대전을 승리로 이끈 미국은 세계 최강국
이라는 자부심과 더불어 (아마도 인류)역사상 전무후무한 물질적 풍
요를 누리게 되었다. 그에 따라 부모 세대들은 미국의 전통적 가치를
존중하고 지키고자 하는 보수 성향이 공고했지만, 그들의 자식들은
기성세대가 이룩한 물질적 풍요에서 도리어 공허함을 느끼고 전통적
가치에 거부감을 느꼈다. 일례로 그들은 그때까지만 해도 레이스 뮤
직(race music)이라고 해서 백인들은 거들떠보지도 않던 흑인음악에
열광했고, 이른바 블루스를 모태로 한 로큰롤의 탄생에 환호했다.

동시에 제2차 세계대전에서는 연합국의 일원으로 같은 편에서 싸
웠던 소련이 동구권 블록을 형성하면서 냉전이 본격화되기 시작했으
며, 그러한 국제정세에 힘입어 미국 내에서 반공 분위기는 극으로 치
닫고 있었다. 이에 편승하여 각계각층에서 활동하고 있으리라고 추정
되는 공산주의자 혹은 그에 동조하는 인사들을 색출하려는 작업이 의
회 차원에서 시도되었다. 이러한 움직임은 초기에는 많은 보수적 중
산층 미국인들의 공감대를 얻었으나 뚜렷한 증거 없이 무고한 사람들
에게 혐의를 뒤집어씌우거나 블랙리스트에 올려 직장을 잃게 하는 등
적지 않은 부작용을 낳았고, 결과적으로는 기성세대에 반항적인 반문
화적이고 진보적인 1960년대가 도래하는 데 일조했다.

종종 미국의 현대판 마녀사냥으로 불리는 의회에 의한 공산주의 색
출작업 중 가장 잘 알려진 것이 하원의 반미활동조사위원회(House
Un-American Activities Committee)가 할리우드에서 공산주의자 혹
은 그에 동조하는 영화인을 색출하려는 시도였다. 당시 할리우드의
시나리오 작가들 중 상당수는 과거 미국공산당에 가입한 적이 있거나
여전히 당원이었다. 그런 정황에서 하원은 소련이 할리우드 영화를

굿 나잇, 앤 굿 럭 (Good Night, And Good Luck, 2005)

통해서 미국에 공산주의를 널리 전파하려는 음모를 획책하고 있다고
의심했다.

　문제는 미국에서 공산당에 가입하거나 당원으로 활동하는 것이 불
법이 아니었다는 것과 별 증거 없이 추정이나 주변 인물들의 증언만
으로 공산당과 관계가 있는 것으로 의심되는 영화인들을 블랙리스트
에 올려 영화계에서 추방했다는 것이다. 블랙리스트에 오른 시나리오

작가와 배우, 프로듀서, 감독의 수는 수백 명에 달했으며, 그중 가장 유명한 인물이 찰리 채플린이다. 영국 태생인 채플린은 미국에서 40년 가까이 활동했지만, 갈등 속에서 1952년 미국을 떠난 뒤 재입국이 허용되지 않았다.

하원의 반미활동조사위원회와는 별도로 1950년대에 접어들면서 상원에서도 비슷한 시도가 있었는데, 이는 오늘날 통용되고 있는 매카시즘이라는 용어를 제공한 장본인인 조셉 매카시 상원의원에 의해 주도되었다. 그는 미 국무부 내에 200명이 넘는 공산주의자들이 활동하고 있다는 미확인 정보를 마치 사실인 양 주장하면서 일거에 인기 있고 막강한 영향력을 지닌 정치인으로 떠올랐다. 그는 국무부 외에도 군부 등 각종 공직에 공산주의자나 그에 동조하는 사람 그리고 소련의 스파이가 암약하고 있다는 주장을 펴고 의심 인물들을 청문회에 소환하여 심문하는 등 이른바 미국에 대한 애국심과 충성심을 몸소 실천하는 모습을 텔레비전 뉴스를 통해서 미국 국민들에게 생생히 전달했다.

그런데 매카시가 사용한 방법이 문제였다. 그는 자신과 뜻을 같이하지 않는 사람들을 모두 적으로 간주하여, 자신이 애국자이자 반공주의자이므로 자신의 생각에 반대하거나 그럴 만한 의혹이 있는 사람은 모두 반역자이거나 공산주의자라는 황당한 논리를 폈다. 당시 국제 정세에서 소련의 위협으로 미국 내에서 공산주의에 대한 공포심을 조장하는 것은 국가에 대한 충성심을 고취시키는 효율적인 방법이었으며, 동시에 집권세력과 의견을 달리하는 정치인이나 집단의 입을 막을 수 있는 효과적인 방법이기도 했다.

이러한 분위기에 편승하여 매카시의 인기는 한때 50%가 넘는 대중적 지지도를 누리기도 했지만, 시간이 흐를수록 도가 지나치게 되어 민주당을 반역당으로 민주당 출신 직전 대통령을 공산주의자에 협력한 인물로 매도하고, 군대 조직을 조사하려 하는 상황에 이른다. 일부 지각 있는 사람들이 매카시가 넘어서는 안 될 선을 반복해서 넘어섰다고 느낄 무렵, 용기 있게 목소리를 낸 사람들은 바로 소수의 용기 있는 저널리스트들이었다.

영화 〈굿 나잇, 앤 굿 럭〉은 바로 매카시 상원의원의 영향력에 의해서 부당하게 해고당한 공무원과 불명예제대 조치된 한 공군장교의 사례를 고발하면서 매카시라는 인물의 정치적 몰락에 영향을 준 CBS 방송국의 한 텔레비전 프로그램과 그 프로그램을 만든 저널리스트들의 실제 이야기를 다루고 있다.

이 프로그램의 진행자인 에드워드 머로우(데이빗 스트래턴)와 프로듀서인 프레드 프렌드리(조지 클루니)는 텔레비전 방송이 시작되기 전부터 라디오 방송에서 명성을 날리던 콤비다. 제2차 세계대전 중 영국에서 보도한 〈히어 잇 나우, Hear It Now〉라는 프로그램으로 미국의 청취자들의 귀에 익은 머로우의 목소리는 이제 텔레비전이라는 새로운 매체를 통해 개발된 〈씨 잇 나우, See It Now〉라는 심층보도 프로그램을 통해서 텔레비전 저널리즘의 역사를 개척하고 있었다.

당시는 텔레비전 역사의 초기였으므로 뉴스든 오락이든 새로운 프로그램을 통한 다양한 시도가 있었던 시절이고, 뉴스 및 심층보도와 관련한 머로우의 시도는 오늘날에도 텔레비전 저널리즘의 개척자적 사례로 여겨지고 있다. 영화에서 보듯이 뉴스 진행자인 머로우는 방송사 사장에게 편집권을 보장해 줄 것을 요구하고 그 요구를 관철하지만, 광고를 통해 프로그램을 제작하고 이윤을 내는 사장의 입장에서는 사회적 논란이 예상되는 프로그램의 방송을 무조건 지지하는 것도 쉽지 않은 일임을 알 수 있다.

특히 매카시와 같이 대중적으로 인기 있고 영향력이 큰 정치인을 공격하는 프로그램을 방송하는 것은 자칫 광고주를 잃는 대가를 치를 수도 있다는 우려 때문에 주저할 수밖에 없는 일일 것이다. 그뿐 아니다. 관련 방송을 내보내는 몇 달간 머로우에게는 자신의 뒷조사 내용이 담긴 서류봉투가 전달되고, 같이 일하는 팀원에게도 이혼한 전처가 결혼 전에 공산당 모임에 관련된 적이 있다는 점에 근거해 경고 메시지가 전달된다. 계속해서 매카시를 공격하는 방송을 하는 것은 대단한 용기가 필요한 일임에 틀림없다.

갈등이 있었던 것은 분명하지만 매카시 관련 보도를 하는 동안 사장은 머로우와 프렌드리의 편집권에 간섭하지 않았고 우려했던 광고주들의 이탈도 없었다. 안팎의 우려에다가 용기를 필요로 하는 어려운 일이었음에도 머로우가 성공적일 수 있었던 이유는 텔레비전 매체의 특성을 잘 활용하여 매카시의 언행이 근거나 증거가 부족한 것은 물론 잘못된 정보를 옳은 양 공언하고 때로는 자기모순적이기조차 하다는 것을 시청자들에게 설득력 있게 보여 주었기 때문이다.

머로우는 자신의 프로그램에서 매카시가 근거 없는 의혹을 제기하고, 정작 혐의가 있는 증인이 청문회에 나오면 그 혐의에 대한 어떠한 증거도 제시하지 못하고, 때로는 위원장임에도 청문회 중에 무책임하게 자리를 뜨는 장면들을 시청자들에게 보여 주며 다음과 같이 말한다.

"매카시의 주된 업적은 공산주의의 내적 위험과 외적 위협 사이에서 사람들의 마음을 혼란스럽게 만든 것입니다. 우리는 의견이 다르다는 것을 국가에 불충한 것과 혼동해서는 안 됩니다. 고발은 증거가 아니며 판결은 증거와 법적 절차에 의해 좌우된다는 것을 명심해야 합니다. 이 시간은 매카시 상원의원을 반대하거나 찬성하는 시간이 아닙니다. 역사와 전통을 거부할 수는 있어도 그 결과에 대한 책임을 회피할 수는 없습니다."

머로우는 프로그램을 마치면서 매카시에게 방송 내용에 대한 반론의 기회를 주겠다고 한다. 3주 후에 반론 방송에 응한 매카시는 머로우의 방송 내용에 대한 반론 대신 어떠한 근거도 제시함이 없이 자신에 반대한 머로우가 20년 전부터 좌익단체에 가입하는 등 공산주의에 동조한 인물이라는 인신공격으로 자신에게 주어진 기회를 소진한다. 머로우가 자신에게 주어진 방송 시간을 통해 매카시가 어떻게 부당하고 자기모순적으로 행동해 왔는가를 시청자들에게 효과적으로 보여준 반면, 매카시는 자신에게 주어진 시간을 통해 머로우가 보여 준 내용이 틀림이 없다는 것을 스스로 입증했던 것이다.

시청자들에게 무엇을 보여 줄 것인가, 보여 주지 말 것인가를 스스로 결정할 힘이 있는 방송은 그 결정에 따라 사회에 막대한 영향력을 미칠 수 있는 매체다. 에드워드 머로우가 방송을 마칠 때 시청자들에게 한 인사말을 제목으로 한 영화 〈굿 나잇, 앤 굿 럭〉에서는 텔레비전 저널리즘이 시작되던 초창기에 이미 실행되고 있던 저널리즘 윤리, 즉 바람직한 저널리스트의 모습은 어떠한 것이어야 하는가에 대한 물음을 던지고 있다. 이 영화가 흥미로운 것은 영화가 그려 내고 있듯이 그러한 물음은 물론 그 시대에도 물어졌겠지만 오늘날도 여전히 유효한 것이기 때문이다.

〈굿 나잇, 앤 굿 럭〉처럼 저널리즘의 윤리를 생각해 보게 하는 영화가 미국에서 2000년대 중반에 나온 것은 911테러 이후 미국에서의 방송 윤리에 대해 물음을 던지는 것이라고 할 수 있다. 하지만 이 영화가 미국만의 문제가 아님은 굳이 우리나라 방송의 현실을 돌아보지 않더라도 쉽게 알 수 있다.

영화에서 매카시의 위협 이상으로 프로그램 제작진들이 신경을 쓴 것이 프로그램 제작비를 제공하는 광고주들이었다. 결국 〈씨 잇 나우〉도 몇 년이 지난 뒤 시청률 하락을 경험하게 되고 원래 방송되던 평일 밤 시간대에서 밀려난다. 무엇이 진실인지를 알려야 하는 뉴스 프로그램도 광고가 없으면 황금시간대에서 밀려나거나 편성이 축소되고 궁극적으로는 없어질 수 있다는 현실의 메시지를 영화는 보여 주고 있다.

그렇다면 궁금증이 일게 된다. 공공의 이익을 위해 꼭 보도해야 할 진실이지만 그것을 보도했을 때 광고주가 떨어져 나갈 것을 우려해서, 그리하여 보도 프로그램 자체가 없어질 것이 두려워서 저널리스트들이 방송을 주저하거나 고뇌해야 한다면, 진정한 의미의 방송은 어디로 갈 것이며 그 방송이 제작하는 프로그램을 제공받는 사회는 어디로 갈 것인가? 이러한 물음에 대답할 수 있게 해 주는 힘은 바로 끊임없이 우리 주변을 쫓아 다니는 그림자와 같은 역할을 하는 윤리와 도덕이다.

우리나라도 얼마 전 방송 윤리에 대해서 정말로 진지하게 생각할 기회를 준 사건과 접할 기회가 있었다. 배아복제 줄기세포와 관련한 황우석 사태가 바로 그것이다. MBC 방송의 〈PD 수첩〉은 황 박사 팀의 주장과 달리 줄기세포가 만들어지지 않았을지도 모른다는 의혹을 제기했고, 이 보도는 2005년 11월 첫 방송이 나간 뒤 이듬해 5월 검찰 수사 결과가 발표될 때까지 세상을 떠들썩하게 했다.

과거 황 박사 연구팀의 일원이었던 한 사람의 제보를 접한 담당 프로듀서는 여러 의심스런 정황이 있음을 감지하고 몇 개월에 걸친 취재에 들어간다. 그 결과 취재팀은 여러 풀리지 않는 의혹이 있다는 결론을 내리고 황 박사 팀에게 그들의 주장을 입증할 증거를 제시해 줄 것을 요청한다. 이것이 바로 줄기세포 검증논란이다. 연구팀은 물론 다수의 국민들은 국제적인 과학 권위지인 《사이언스》에 연구팀의 논문이 실린 것 자체가 이미 검증된 것임을 의미한다고 주장하고 처음에는 취재팀의 요구에 응할 필요가 없다는 태도를 보였다.

사실 〈PD 수첩〉 취재팀의 시도는 〈씨 잇 나우〉 제작팀의 시도만큼이나 대단한 용기를 필요로 하는 것이었다. 앞으로 백 년 동안 한국을 먹여 살릴 원천기술이라는 화려한 수사의 마법에 취한 많은 사람들은 너무나도 당연하게 줄기세포의 존재를 믿어 의심치 않았다. 황우석 박사는 국민적인 영웅이었고, 때문에 그 영웅성에 도전하는 것은 국익에 반하는 것이고, 용납될 수 없는 것이라는 분위기였다. 이것은 앞으로의 백 년을 책임질 애국자에 이견을 제기하는 것은 반역자라는 논리인데, 어디서 많이 들어 본 얘기인 것 같지 않은가?

〈굿 나잇, 앤 굿 럭〉을 보면서 어떤 사람들은 이 영화가 1950년대 미국을 충격으로 몰아넣은 매카시즘에 대한 영화라고 생각할지도 모른다. 하지만 이 영화는 매카시즘에 대한 영화가 아니다. 나는 이 영화를 보면서 황우석 사태와 그 사태의 중심에 있었던 〈PD 수첩〉이 생각났다. 그 두 사례에서 놀라울 정도의 유사성을 보았기 때문이다. 2005년 11월 〈PD 수첩〉이 황 박사 관련 방송을 내보내자 네티즌과 국민 여론은 들끓었다. 물론 그런 프로그램을 만들어 방송한 제작자와 방송사는 매국노라는 목소리가 대다수였다. 이어서 〈PD 수첩〉 프로듀서가 취재 윤리를 위반하고 취재원에게 강압적인 자세로 인터뷰를 이끌었다는 사실이 확인되었고, 결국에는 프로그램의 광고주가 이탈하기 시작했다.

물론 담당 프로듀서가 취재 윤리를 위반한 것은 명백히 잘못된 것이다. 그 결과 프로듀서와 프로그램 책임자는 회사에서 징계를 받았다. 하지만 그러한 취재 윤리 위반이 〈PD 수첩〉이라는 프로그램 자체가 폐지되어야 할 만큼의 잘못된 행동이었는지에 대해서는 짚고 넘어가야 할 것이다. 광고주 이탈은 〈씨 잇 나우〉의 제작진도 우려했던 사태였지만 현실화되지 않았었다. 그러나 50년이 넘게 흐른 한국의 경우는 달랐다. 〈PD 수첩〉은 물론 MBC라는 방송국 자체의 존립 위기에 대한 이야기도 들렸다.

매우 흥미로운 것은, 50여 년 전 미국에서 매카시 상원의원이 자신이 주장했던 혐의자들의 혐의를 입증할 증거만 제대로 제시했어도 그는 존경받는 애국자 정치인으로 이름이 기억되었을 것이라는 점이다. 하지만 그는 증거 대신 자신을 공격하는 사람이나 기관에 대해서 반역자라고 주장하는 역공을 반복했다. 황 박사 팀도 마찬가지가 아닐까? 과학은 통제가 어려운 일상생활에서 해야 하는 범죄수사가 아니라 통제된 실험실에서 하는 것이라 입증이 훨씬 쉽다. 그런데도 검증 대신 취재팀에 압력을 넣었고, 많은 국민들은 MBC와 〈PD 수첩〉 제작팀을 매국노라고 비난했다. 증거를 요구하던 에드워드 머로우의 고뇌에 찬 얼굴을 통해서 광고주가 떨어져 나간 〈PD 수첩〉 프로듀서의 고통스런 표정을 연상하는 것은 그리 어려운 일이 아닐 것이다.

이제 다시 묻지 않을 수 없다. 저널리스트로서 광고주 이탈을 우려해서 공익을 위해 반드시 보도해야 할 내용을 보도하지 않는다면 어떻게 될 것인가? 그런 고민과 결단을 가능하게 해 주는 힘은 무엇이 옳고 그른지, 어떻게 생각하고 행동해야 하는지의 문제를 다루는 도덕과 윤리를 통해서 나오는 것이다.

많은 사람들이 당시에 국익을 위해 황우석 박사의 실수 혹은 과오는 덮어 주어야 한다고 주장했다. 하지만 그러한 생각 역시 윤리, 특히 과학자의 연구 윤리에 대한 성찰이 부족한 상황에서 나올 수 있는 것이다. 우리는 진정한 국익이 무엇인지에 대해서 많이 고민해 보아야 하며, 과학자의 윤리는 어떤 것이어야 하는지에 대해서 좀 더 많이 고민해 보아야 한다. 물론 공익을 저버릴 수 없다는 판단 아래 보도를 감행했지만, 취재를 하는 동안 취재 윤리를 위반한 제작팀의 방송 윤리에 대해서도 더 진지하게 고민해 보아야 한다.

이 모든 것이 도덕과 윤리의 문제다. 초등학교에 들어가면서 약속을 잘 지켜야 한다는 생각을 갖게 된 어린이들이 해가 지날수록 도덕을 하찮은 것으로 여기게 되는 이유는 무엇일까? 우리 모두 한때 초등학생이었던 시절이 있었으므로 각자 자신의 과거로 돌아가 무엇이 문제였을지 곰곰이 생각해 보는 것은 어떨까? ✍

화씨 451도 (Fahrenheit 451, 1966), 프랑수와 트뤼포 감독

프랑수와 트뤼포는 1950년대와 1960년대에 걸쳐서 영화비평과 영화제작의
역사에 새로운 획을 그려나갔던 인물이다. 작가주의라는 말이 그에 의해 처음
사용되었고 프랑스 누벨바그(새로운 물결) 영화는 영화사의 흐름을 바꾸어 놓

았다. 나에게는 지금까지 보아 온 수많은 영화의 이미지들 중에서 트뤼포의
〈400번의 구타〉의 마지막 장면, 즉 카메라를 응시한 채 프리즈 프레임 안에
얼어붙은 소년의 얼굴 표정이 가장 강렬한 이미지로 머릿속에 남아 있다.

동료 영화인 장 뤽 고다르와 종종 비교되는 트뤼포는 고다르가 〈알파빌〉
이라는 SF 영화를 만든 것처럼 〈화씨 451도〉라는 SF 영화를 만들었다. 책의
소유 및 독서가 전면적으로 금지된 미래 사회를 배경으로 한 이 영화는 도서
불법 소지자들을 색출하여 그 책들을 불태우는 임무를 수행하는 소방공무원
몽타그에 대한 이야기다. 여러 가지 자유 중에서 자신의 생각을 글로 쓰고,
그것을 인쇄매체로 만들어 많은 사람들과 공유하려는 자유는 종종 표현의 자
유 혹은 출판의 자유라 불리며 보호되어야 할 중요한 가치로 여겨진다.

그러나 고대 중국의 분서갱유와 같이 또 토머스 헉슬리의 미래 소설 《멋진
신세계》와 같이 지식과 정보를 국가가 통제하려는 생각은 실제로 일어났거나
일어날 수 있는 여지가 여전히 있는 듯하다(우리나라에서도 1980년대까지
특정 주제의 책들을 소유하는 것이 불법이었다. 최근에는 국방부가 불온서적
목록을 작성해 군 장병 대상 금서목록을 만들어 문제가 되기도 했다). 문제는
그렇게 책을 읽을 수 있는 자유가 박탈된 사회에서는 어떤 일이 일어날 것 같
은가에 대한 의문이다. 레이 브래드베리의 원작 소설을 영화화한 트뤼포는
인상적인 결말을 통해서 스스로 책이 된 사람들을 보여 준다.

믿거나 말거나, 화씨 451도는 책이 불탈 때의 온도란다. 그리고 할리우드
에서 이 영화의 리메이크를 추진 중이라고 한다.

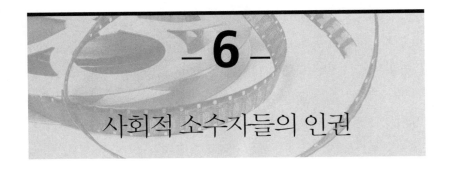

− 6 −

사회적 소수자들의 인권

천하장사 마돈나
(2006)
이해영, 이해준 감독

우리는 살면서 행복이라는 말을 흔히 듣는다. 동화의 결말부에 가장
많이 등장하는 표현이 "그 후로 그들은 아주 행복하게 살았답니다"와
같은 것이고, 현실 세계의 결혼식장에서 막 식을 올린 커플이 가장 많
이 들을 법한 말도 "행복하세요!"와 같은 기원의 말이다. 그뿐 아니
다. 우리나라 헌법에도 모든 국민은 행복을 추구할 권리를 가진다는
이른바 행복추구권이 제10조에 명시되어 있다. 한 나라의 권력관계나
통치규범, 국민들의 인간다운 삶을 보장하는 규범 등을 다루는 헌법
에서부터, 아이들이 읽는 동화, 그리고 인생의 새로운 출발을 하는 결
혼식장에서까지 행복이라는 표현이 빠지지 않고 등장하는 것을 보면,
그만큼 행복은 사람의 삶에 있어서 매우 중요한 키워드인 것 같다.

　　그런데 과연 우리는 행복한가? 아니면 적어도 우리에게 행복해질 수 있는 최소한의 조건이 충족되고 있는가? 규범이라는 것은 사람들이 살아가면서 지켜야 할 것에 해당하는 가치들이며 "물은 섭씨 100도에서 끓는다"와 같은 자연에서 발견할 수 있는 것이 아니라 사람들이 사회를 유지하기 위해 암묵적인 약속을 통해서 만들어 낸 것이다. 특히 헌법에 명시된 행복추구권과 같은 것은 매우 추상적인 권리를 말하고 있어서 구체적으로 도대체 무엇을 뜻하는 것인지 모호하기조차 하다. 헌법은 그 사회가 이상적으로 추구해야 할 가치들을 규정하고 있기 때문에, 헌법에 보장된 권리가 언제나 실제로도 지켜진다고 보기는 어렵다.

실제로 잘 안 지켜지기 때문에 국가는 국민들의 권리를 보호하기 위해 관련된 제도를 만들어 시행하는 것이다. 예를 들어 보도록 하자. 돈이 행복을 보장해 주는 것은 아니지만, 인간적인 삶을 영위하기 위해서 최소한의 돈이 필요한 것을 부정할 수 없다. 따라서 행복해지기 위해 누구나 최소한의 경제적 조건이 보장되어야 한다. 그래서 국가에서는 극빈층에 대해 생활보조금을 지원해서 생계에 지장이 없도록 돕는 것이다. 행복에 대해서 말할 수 있는 상황이 되기 위해서는 최소한의 인간다운 삶의 조건이 충족되어야 하기 때문에, 그러한 조건이 충족되지 않은 사람들에게는 국가가 도움을 주어야 한다는 생각은 자연스럽다.

극빈자들에게 다소간의 경제적 도움을 준다고 해서 그들의 삶이 아주 나아지거나 바로 행복해지는 것은 결코 아니겠지만, 그러한 도움마저 없을 때 하루의 삶이 너무나도 힘들 것이다. 그들에게 행복을 이야기하는 것은 그것이 헌법에 보장된 권리든, 달콤한 동화 속 이야기이든, 결혼식장의 축사가 되었든 간에 어쩌면 먼 나라 이야기처럼 들릴 것이고, 그들 자신에게는 하루하루를 살아가는 생존의 문제가 더 급하고 무겁게 여겨질 것이다.

이처럼 행복을 논하기 이전에 경제적인 조건이 어느 정도 갖추어져야 하는 것이 사실이지만, 좀 더 시각을 넓혀 보면 사람답게 살 수 있는 조건으로서 더 많은 요소들이 고려되어야 한다는 것을 알 수 있다. 인간다운 삶을 살 수 있은 다음에 행복을 이야기하는 것도 의미가 있을 것이기 때문이다.

이런 맥락에서 가장 먼저 떠오르는 것은 바로 인간다운 삶을 살 권리를 뜻하는 인권이다. 인권 역시 헌법이 보장하는 권리이며, 이것이 잘 지켜지지 않거나 그럴 가능성이 높다고 여겨지기 때문에 우리나라의 경우 국가인권위원회라는 국가 기관을 설치하여 관련법에 의거하여 인권 침해 사례에 대한 조정을 꾀하고 있다.

그렇다면 인간다운 삶을 살 권리란 구체적으로 어떤 것을 말하는 것일까? 서양의 근대 시민혁명에서 비롯된 인권 개념은 기본적으로 인간은 신에 의해 창조된 피조물이라는 생각에 기초하고 있다. 그런데 다른 피조물들과 달리 인간에게 고유한 특징이 있는데, 그것은 바로 인간이 이성을 지니고 있다는 것이다. 인간이라면 누구나 이성을 지니고 있으며, 그러한 이성은 스스로 합리적으로 사고할 수 있는 능력이다.

인간이라면 누구나 이성을 지니고 태어나며, 그것은 모든 인간이 양도할 수 없는 동등한 권리를 신에 의해 부여받았음을 의미한다. 이것이 이른바 천부인권설이라고 하는 것이다. 이러한 생각은 유럽에서 생겨난 것이지만 근대 이후에 널리 퍼져 오늘날은 동서양을 막론하고 보편적인 가치로 받아들여지고 있다. 1948년 유엔은 세계인권선언을 제정했는데, 이 선언은 사람이라면 누구에게나 보장되어야 할 일련의 권리들을 적시하고 있다.

이를테면 사람들은 자신의 인종이나 피부색, 성, 종교, 정치적 견해 등에 의해서 차별받아서는 안 된다. 또 사회적 출신이나 기타 신분에 따라서 차별받아서도 안 된다. 뉴스에서 흔히 듣곤 하는 인종차별이나 성차별과 같은 것이 인권을 침해하는 것이라는 얘기다. 대개 차별은 한 사회에서 다수에 속하거나 힘을 가진 사람들이 그렇지 못한 사람들을 부당하게 대하는 것이다.

미국은 다민족 국가이지만, 여전히 유럽계의 백인들이 사회 구성원의 다수를 차지하기 때문에 그렇지 못한 아프리카계 미국인이나 아시아계 미국인들은 차별 대우를 받을 가능성이 있다. 이제는 최초의 아프리카계 미국인 대통령이 선출되었지만, 미국은 19세기 중반까지 노예제를 실시하고 있었던 나라이고 1960년대까지만 해도 흑백 분리정책이 실시되고 있었던 것을 고려하면 여전히 인종차별이 사회적으로 민감한 문제로 남아 있으리라는 것을 쉽게 짐작할 수 있다.

역시 지금은 남녀차별이라는 것이 구시대적이라는 것을 누구나 인정하겠지만, 전통적으로 남존여비라는 남성 우월적이고 가부장적 사회 제도를 유지해 왔던 우리 사회에서는 사회적 권력을 지닌 남성들이 그렇지 못한 여성들을 사회적으로 차별할 가능성이 여전히 남아 있음을 부정할 수 없다. 대표적인 성차별 유형의 하나는 고용에 있어서의 차별인데, 채용광고에서 "용모 단정한 20대 여성"이나 "키 160cm 이상, 체중 50kg 미만 여성"과 같은 채용조건을 명시한 문구가 그러한 사례에 속한다. 이는 성차별일 뿐 아니라 고용시 특정 외모가 기준이 된다는 점에서 외모차별이기도 하다.

사람이 태어날 때 어느 나라에서 어떤 피부색을 가지고 태어날지 스스로 결정하지 않는다. 여성으로 태어날지 남성으로 태어날지의 여부 역시 스스로 결정하고 태어나지 않는다. 외모가 어떨지 역시 기본적으로 타고 난 것이지 선택의 문제는 아니다. 앞서 든 예 중에 종교적 신념이나 정치적 견해와 같은 것은 각자가 스스로의 의지에 의해 선택할 문제이다. 이처럼 스스로 선택한 경우에 있어서도 존중되고 보호받을 권리가 있건만, 선택의 여지가 없이 나면서부터 주어지는 특정 피부색이나 성별, 외모 때문에 차별받는다는 것은 부당하다고 할 수밖에 없다.

흔히 우리는 자유에 따르는 책임을 이야기하곤 한다. 스스로 자유롭게 선택하고 행동한 것에 대해서는 그에 따른 책임을 부과할 수 있다. 하지만 스스로 자유롭게 선택하지 않은 것에 대해서도 책임지라고 한다면 그것은 매우 부당한 처사일 것이다. 스스로 선택하고 여성으로 태어난 것이 아님에도 고용시에 단지 여성이라는 이유만으로 불이익을 받는다면, 이는 부당한 차별이며 인권 침해다.

인종차별이나 성차별은 흔히 접하게 되는 소수자나 사회적 약자에 대한 차별의 사례이지만, 우리가 좀 더 진지하게 생각해 보아야 할 소수자나 사회적 약자의 사례는 얼마든지 많다. 장애인 역시 사회 구성원 중 소수이며 약자라고 할 수 있다. 사회를 구성하는 대다수의 사람들이 장애인이 아니기 때문에, 그래서 그들이 살아가는 데 아무 불편이 없기 때문에 장애인에 대해서 무관심하거나 부당하게 대우하기 쉽다.

우리 사회는 장애인에 대한 배려가 아직은 매우 미흡하다. 장애인도 시민의 일원이므로 적어도 학교나 관공서, 대중교통 수단과 같은 사회 공공재를 이용하는데 불편함이 없도록 제도적인 장치가 마련되어야 마땅하다. 또한 자신의 장애가 업무에 지장을 주지 않는 한 장애인이 고용에 있어서 차별을 당해서는 안 된다. 하지만 우리 사회의 현실은 장애인이 집 밖을 나다니는 것 자체를 괴로운 일로 여기는 수준이다. 장애인들이 허울뿐인 장애인의 날을 거부하고 이동권 보장을 요구하는 시위를 도심에서 벌이는 것이 우리 사회의 현실이다.

장애가 스스로의 선택에 의한 것이 아니라고 할 때, 또 정상인이라고 생각하는 대다수의 사람들 역시 사고나 질병에 의해 언제든지 장애인이 될 수 있다는 점을 고려할 때, 장애인에 대한 인식도 바뀌어야 할 것이며 시민으로서 최소한의 권리를 누릴 수 있도록 사회와 국가가 노력해야 할 것이다. 최소한의 권리가 보장되지 않은 상황에서 장애인에게 행복을 말하는 것은 별 의미가 없을 것이다.

이처럼 누구나 행복할 권리가 있음에도 행복을 추구할 수 있는 최소한의 조건마저도 제대로 제공받지 못한 사람들이 여전히 많이 있다는 것은, 우리 모두가 때로는 이웃으로 때로는 동료 시민으로 더불어 살아야 할 공동체의 구성원이라는 점과 사회 전체의 행복을 가로막을 가능성이 높다는 점에서 매우 바람직하지 않다.

영화 〈천하장사 마돈나〉는 역시 사회적으로 싸늘한 시선의 대상이자 아직도 너그럽게 받아들여지기 어려운 성적 소수자의 문제를 다루고 있다. 성적 소수자라면 흔히 동성애자들을 떠올리게 되는데, 〈천하장사 마돈나〉에서는 동성애가 아닌 이른바 트렌스젠더라고 하는 성전환증(transsexualism)을 지닌 한 고등학생의 이야기를 다루고 있다.

동성애는 이성이 아닌 동성에 대해 사랑의 감정을 느끼는 경우를

천하장사 마돈나 (2006)

뜻한다. 보통 남성이면 여성을 사랑하게 되고 여성에게 성적으로 끌리지만 동성애자인 남성은 자신과 같은 남성을 사랑하고 남성에게 성적으로 끌린다. 하지만 성전환증자의 경우 자신의 생물학적 성에 대해 불편함 혹은 부적절함을 느끼면서 자신과 반대되는 성으로 살고 싶어 한다. 그래서 남성으로 태어났지만 자신을 여성으로 여기며 성전환 수술을 통해 실제로 여성이 되려는 욕구를 지닌다.

이처럼 성전환자는 자신과 같은 성에 끌리는 것이 아니라 자신과 반대되는 성이 되고 싶어 하는 것이고, 가능하다면 그것을 외과적 수술을 통해서 실행에 옮기려 하기 때문에 동성애와는 근본적으로 다르다. 하지만 아직까지 성적 소수자의 문제가 공적인 논의의 대상이 된 적이 드문 우리나라의 현실에서 많은 사람들이 성전환자와 동성애자를 혼동할 뿐 아니라 두 경우 모두 결코 해서는 안 될 몹쓸 짓을 하는 사람들이라는 편견의 눈으로 바라보는 경향이 있다.

영화의 주인공 동구(류덕환)는 자신이 여성이라고 생각하는 남자 고등학생이다. 그의 꿈은 성전환 수술을 받아 당당히 여성이 되는 것이다. 권투 선수였던 아버지는 해고 노동자이고 아버지의 폭력을 견디다 못해 집을 나간 어머니는 놀이공원에서 일한다. 집에 손을 벌릴 형편이 못 되는 동구로서는 자신의 꿈을 이루기 위해 돈을 모아야 한다는 생각뿐이다.

하는 행동이 유난히 여성스런 그는 같은 반 친구들의 놀림의 표적이다. 특히 안경을 쓰고 약하게 생긴 두 쌍둥이 친구들로부터도 계속해서 놀림을 받는 것은 놀랍기조차 하다. 겉모습만 보면 소수자인 쌍둥이인데다 우스꽝스런 안경을 쓴 그 형제야 말로 학교에서 놀림의 대상이 될 법한데, 오히려 특이한 성적 취향을 지닌 동구가 그들의 놀림을 받는다. 이는 성적 소수자에 대한 사회적 편견이 얼마나 심한지를 잘 보여 준다.

이런 차별의 서열화는 해고 노동자인 동구 아버지(김윤석)의 행동에서도 나타난다. 동구 아버지는 중장비 운전기사로 일하지만 부당하게 해고되었다고 생각하고, 회사 사장에게 폭력을 휘두른다. 해고 이유는 영화에 드러나지는 않지만 동구 아버지 스스로는 부당한 해고라고 주장하며 회사 앞에서 피켓을 들고 1인 시위를 한다. 자기 자신을 악덕 자본가에 의해 부당하게 해고당한 피해자라고 생각하는 것이다.

하지만 과거 회사 동료와 선술집에서 소주잔을 기울이던 동구 아버지는 건너편 자리에 모여 술을 마시던 외국인 노동자들을 향해 큰소리로 모욕적이고 차별적인 언사를 내뱉는다. 물론 외국인 노동자들이 자신과 같은 사람들의 일자리를 빼앗는다는 피해의식의 발로일 수도 있겠지만, 외국인이건 한국인이건 노동자로서 모두 사회적으로 약자의 입장에 있는 것이 분명하다고 할 때, 동구 아버지의 행동에서 묘한 차별의 서열화가 드러나고 있음을 부인할 수 없다.

자, 이제 생각해 볼 문제는 과연 동구라는 인물에 대해서 우리가 행복을 운운할 수 있겠는가 하는 점이다. 집 나간 어머니가 부족하나마 생활비를 보내 주지만, 걸핏하면 폭력을 휘두르는 아버지를 경찰서에서 빼 내는 일은 동구의 몫이다. 여느 고등학생들처럼 방과 후에 학원을 다닌다든지 할 여유가 동구에게는 없다. 하지만 무엇보다도 그를 힘들게 하는 것은 자신이 여성으로의 삶을 살 수 없다는 것이다.

동구의 단짝 친구 종만은 자신이 잘 할 수 있는 게 무엇인지, 앞으로 무엇을 하고 살아야 할지에 대해서 끊임없이 고민한다. 고등학교 1학년이라면 자신이 무엇이 되고 싶은지에 대해 심각하게 생각해 보는 시간을 누구나 가질 것이다. 하지만 동구에게 무엇을 하고 살아야 할지의 문제는 아직 문제의 영역에 속한다고 할 수도 없다. 그에게는 생존의 문제가 더 급하다. 그래서 "뭐가 되고 싶으냐"는 종만의 질문에 동구는 "뭐가 되고 싶은 게 아니라 그저 살고 싶은 거"라고 대답한다.

동구에게는 자신이 원치 않는 남성으로서가 아니라 여성으로서의 자신을 찾는 것이 무엇이 되는 것보다 더 중요한 것이다. 자신이 무엇을 하고 살 것인가의 문제는 이른바 자아를 실현하는 것과 관련된 문제다. 사람들은 어떤 직업을 갖고 그 일을 잘 하면서 자아를 실현하고 행복감을 느낀다. 하지만 동구에게는 이것저것을 시도해 보면서 자신의 적성에 맞는 것이 무엇인지를 찾으려는 종만의 시도는 너무나도 사치스러워 보인다. 그에게는 행복을 논하기 전에 먼저 해결되어야 할 문제가 있는 것이다.

그런데 매우 흥미롭게도 영화는 묘하게 아이러니한 상황을 통해서 이 문제가 안고 있는 현실적인 난관을 역설적으로 드러낸다. 수술을 받기 위해서는 돈이 필요한데, 학생인 동구가 수술에 필요한 큰돈을 쥘 수 있는 기회는 씨름선수가 되어 대회에서 1등을 하면 된다는 설정이 그것이다. 평소에 가수 마돈나의 사진을 방에 붙여 놓고 그처럼 섹시한 여가수가 되는 환상을 지닌 동구가 그 아릿한 꿈을 실현하기 위해 제일 먼저 해야 할 일은 가장 남성적인 스포츠 중의 하나인 씨름에서 천하장사가 되는 것이다.

천하장사와 마돈나가 연결되는 상황 자체도 비현실적이기는 하지만, 설사 마돈나가 천하장사가 되고 그 천하장사가 마돈나가 될 수 있다 하더라도 천하장사인 마돈나 혹은 마돈나인 천하장사를 두 팔을 벌려 환영해 줄 사람은 많지 않을 것이다. 동구는 일단 가장 가까운 가족 구성원인 아버지의 두 팔에 의해 도전받는다.

가장 남성적인 스포츠를 했지만 실패한 권투선수였던 아버지는 마돈나로서의 동구는 커녕 천하장사로서의 아들의 가능성조차도 받아들이지 못한다. 무엇인가를 머리로 받아들이지 못할 때 사람은 감정적이 되거나 폭력적이 되기 쉽다. 아버지의 넘쳐 나는 남성성은 폭력으로 동구에게 돌아온다. 하지만 어쩌면 아버지의 폭력은 그가 감당해야 할 가장 상대하기 쉬운 난관일지도 모른다.

여전히 우리 사회는 소수자나 약자의 당연한 권리를 인정하려 들지 않는 경향이 있다. 장애인 주차구역에 비장애인의 차량이 주차되어 있거나, 입사한지 얼마 되지 않은 직원의 의견을 묵살하거나, 단지 아침 첫 손님이라는 이유만으로 택시에 승차 거부를 당하는 여성 등의 사례를 그리 어렵지 않게 목격할 수 있다. 하물며 오래 전부터 성적으로 금기시되어 온 바에 대해서는 어떻겠는가?

하지만 좀 더 성숙한 시민사회를 만들어 가기 위해서 반드시 기억해 두어야 할 것이 있다. 우리가 장애인들을 배려해야 한다는 것은 비장애인이 장애인보다 우월하거나 장애인이 비장애인보다 열등할 것이라는 편견 때문이 아니라, 장애인도 비장애인과 마찬가지로 시민으로 살아가는 데 있어서 기본적인 권리가 보장되어야 하기 때문이다. 장애인 주차구역에 자신의 차를 주차하는 비장애인은 장애인에게 보장된 기본적인 권리를 짓밟는 것이며 용납되어서는 안 되는 폭력을 행사하고 있는 것이다. 장애인들이 이동권 보장을 요구하며 시위를 벌이지만 여전히 크게 바뀌는 것이 없다면, 그것은 비장애인들이 장애인의 기본적인 권리를 무시하고 있다는 이야기 밖에는 안 된다.

신입사원의 경우도 마찬가지다. 전근대적인 사회에서는 수직적인 서열에 따라 발언권이 불균등하게 주어질 것이다. 하지만 우리가 진정으로 근대 사회의 시민이라면 부하직원이 직장 상사에게 예의를 갖추되 회사를 위해서는 엉뚱한 생각이라도 자유롭게 말할 수 있어야 한다. 소수자의 의견을 존중하는 사회가 그렇지 않은 사회보다 발전

할 가능성이 높기 때문이다. 의사결정권은 상사가 갖더라도 자유로운 의견을 표출할 기회가 주어지지 않는다면 신입사원은 자신을 능동적인 주체로서 동일시하기가 무척 어려울 것이다.

성적 소수자에 대한 사회의 인식 역시 바뀌어야만 한다. 〈천하장사 마돈나〉는 성전환증을 지닌 동구를 다루고 있지만, 그보다 더 많은 수의 성적 소수자들인 동성애자들 역시 동구와 비슷한 그저 사람답게 살고 싶은 욕구와 그들에게 싸늘한 눈총만 팽배한 현실의 엄청난 괴리에서 오는 고통에 하루하루를 보내고 있을 가능성이 높다. 스스로 정상적인 성적 취향을 지녔다고 생각하는 다수의 사회 구성원들이 동성애자들을 성적으로 비정상적이라는 편견을 지니고, 그들이 비정상적이기 때문에 비난받거나 차별받는 것은 괜찮다고 생각하기 때문이다.

하지만 그러한 생각은 잘못된 것이다. 술의 경우를 생각해 보자. 술은 많이 마시면 이성적인 판단능력이 흐려지고, 이상행동을 할 수도 있다. 과음하면 건강에도 해로우며, 자주 마시면 알코올중독의 가능성도 높아진다. 그럼에도 불구하고 대부분의 사회에서 음주를 법적으로 금지하지 않는다. 술을 마시는 사람을 특별히 차별하지도 않는다. 특정 나이에 이르면, 스스로의 책임하에 기호에 따른 음주를 허용하는 것이다.

성적 소수자의 경우 음주보다 더 기본적인 욕구와 관련된 문제 때문에 사회적으로 비난받거나 차별받는다. 인간인 이상 어떤 사람을 사랑할 권리가 보장되어야 마땅하지만, 그러한 권리가 종종 침해된다는 점에서 잘못되었고 문제가 있다는 것이다. 동성애자가 음주운전으로 인한 사고의 우려도 없고, 알코올중독과 같은 사회적인 비용을 발생시킬 가능성도 없으며, 건강에 해롭지도 않음에도 차별받는다면, 그러한 차별을 합리적으로 설명할 수 있을까?

특히 청소년 동성애의 경우 심각한 문제를 안고 있다는 연구와 언론보도가 있었다. 동성애자임이 알려진 청소년들의 경우 교무실에 불려가 반성문을 쓰거나 부모에 의해 정신병원에 입원하기도 하고, 또래 집단에 의해 왕따를 당하거나 언어 및 신체적인 폭력을 경험하게 된다는 것이다. 이러한 참기 어려운 고통이 반복되면서 일부 청소년들은 자퇴, 가출, 그리고 심지어는 자살이라는 극단적인 선택을 하기도 한다.

술을 잘 마시지 못하는 사람이 술을 잘 마시는 사람을 개인적으로 싫어할 수는 있다. 그런데 그 사람이 회사의 팀장이어서 술을 잘 마시는 부하 직원들 모두에게 금주령을 내릴 수는 없는 것이다. 그 역으로 술을 즐기는 다수의 팀원들이 술을 잘 못하는 동료 직원에게 강제로 술을 마시게 해서도 안 되는 것이다. 마찬가지 이치다. 많은 사람들이 정상적이라고 생각하는 학교 선생님이 동성애를 혐오할 수는 있다. 하지만 그가 선생님이라는 이유만으로 동성애자인 학생을 교무실로 불러서 반성문을 쓰게 할 권리가 주어지는 것은 아니다. 그렇게 할 때, 동성애자인 한 학생의 인권은 무자비하게 침해되는 것이다.

우리 사회가 진정 근대 사회라면, 그리고 그에 걸맞게 우리 사회에 살고 있는 모든 사람들이 근대적 시민이라면, 우리들 각자는 자신과 같거나 유사하게 생각하고 행동하는 사람들만 존중하고 그들에 대해서만 관대해서는 결코 안 된다. 만약 그렇다면 우리 사회는 진정한 의미의 근대 사회가 아닐 것이고, 그 사회에 살고 있는 사람들 역시 근대 시민이 아닐 것이다.

철학자 토머스 홉스에 따르면, 시민사회는 이기적인 욕망을 지닌 개인들이 합리적인 이성을 발휘하여 만들어 낸 인공의 산물이다. 자연 상태에서 사람들은 자신의 이기적 욕망을 충족시키기 위해서 무자비한 폭력을 사용했다. 하지만 폭력은 또 다른 폭력을 낳을 뿐이고 모든 사람이 서로에 대해 이리가 되는 약육강식의 상황이 귀결될 뿐이다. 다행히 이성을 발휘하여 인간은 각자에게 주어진 권리의 일부를 양도하여 국가를 만들었다. 다른 모든 사람들이 그러한 권리를 포기한다는 전제 아래 나 역시 나에게 고유한 권리를 포기하고 국가가 제시하는 법과 질서에 따르기로 약속한 것이다.

이렇게 해서 만들어진 것이 시민사회다. 나의 권리를 무조건 고집하는 것이 아니라 다른 사람의 권리도 소중하다는 것을 인정할 때 비로소 시민사회가 성립한다. 그런데 나를 비롯한 모든 개인은 이기적인 욕망을 지니고 있다. 욕망은 서로 충돌하기 마련이고, 이렇게 충돌하는 개인들의 욕망을 잘 조정하는 것이 필요하다. 그러한 조정이 가능하기 위해서는 나는 다른 사람들과 다를 뿐 아니라, 다른 사람들도 나와 다르다는 것을 인정하고 받아들이는 것이다.

때로는 나와 다른 사람들이 싫어질 때도 있을 것이다. 때로는 내가 싫어하는 그 사람들이 약자거나 소수에 지나지 않을 수도 있을 것이다. 그러나 그렇다고 해서 그 사람들을 차별하거나 존중하지 않는다면, 내가 사는 사회는 약육강식의 논리가 지배하는 사회일 것이고 그야말로 허울뿐인 시민사회일 것이다. 시민사회란 서로 의견이 다를지라도 모든 시민에게 권리가 균등하게 나누어진 사회를 뜻하기 때문이다. 그러한 권리는 우리나라 헌법에서도 보장하듯 양도되거나 침해될 수 없는 것이다. 그래야만 적어도 소박한 행복이나마 꿈꿀 수 있지 않을까? 그것이 평범한 나의 이웃이든, 휠체어에 의지한 장애인이든, 마돈나를 꿈꾸는 천하장사든 말이다. ✒

>> 더 볼 영화

노스 컨트리(North Country, 2005), 니키 카로 감독

물론 사회적 소수가 권력을 가지는 경우도 생각해 볼 수 있다. 절대군주 시대
를 생각해 보면 된다. 고려시대, 조선시대를 생각해 봐도 된다. 왕족은 극소수
의 사람들로 이루어졌으므로, 그들이 통치한다면 그것은 사회적 소수가 지배

하는 세상이다. 그런데 오늘날은 상황이 달라졌다. 소수의 권력자가 다수의 의견을 억압하거나 인권을 침해하는 것이 부당하듯이, 다수의 사람들이 소수의 의견이나 인권을 침해하는 것도 부당하다. 21세기는 여성의 세기라고 하지만, 여전히 여성들은 사회적으로 약자이며 소수의 지위를 점하는 경우가 많다.

영화 〈노스 컨트리〉는 그리 멀리 떨어진 과거가 아닌 1980년대 미국의 어느 광산 지역에서 실제로 벌어진 법정 소송을 토대로 쓰인 책을 영화화한 것이다. 미국에서 직장 내 성희롱과 관련된 첫 소송으로 알려진 이 사건의 주인공 조시는 남편으로부터 학대받고 집을 나와 친정에 머물게 된 여성이다. 아버지의 일터이기도 한 광산에 어렵사리 취직을 하지만, 전통적으로 남성들의 직업으로 여겨져 온 광부 일을 하는 매력적인 여성 조시에게 남성 광부들의 온갖 성희롱과 괴롭힘이 폭력적으로 다가온다.

여기서 흥미로운 장면은 이미 광산에서 일하고 있던 여성들 모두가 남성들의 횡포에 그러려니 하고 참고 넘어갈 뿐 아니라 문제를 법정으로 가져가는 조시에 협조하지 않으려 하는 현실이다. 문제를 일으키면 그나마 다니던 직장을 잃을까 봐 되지도 않는 일을 공연히 벌인다고 생각하는 여성 노동자들의 태도는 사회적 소수자, 약자로서의 여성의 문제가 다른 사회적 소수자들의 문제와는 또 다른 층위에 있음을 암시적으로 드러낸다.

-7-

사랑과 결혼

아내가 결혼했다
(2008)
정윤수 감독

〈백인의 짐〉이라는 미국 영화가 있다. 우리나라에는 존 트라볼타의 〈증오〉라는 제목으로 소개된 이 영화에서 주인공 루이스는 초콜릿 공장 노동자로 사장의 저택에 배달을 갔다가 몰래 사장의 부인을 엿보았다는 혐의로 해고된다. 집세를 내지 못하게 된 루이스는 아파트에서 쫓겨나고 가족들은 처가로 들어간다. 살 길이 막막해진 루이스는 자신의 결백을 주장하고 복직을 호소하러 사장을 만나러 간다.

이런 이야기라면 어느 사회에서든 있을 법한 고용자와 노동자 사이의 갈등을 다룬 영화쯤으로 여길 것이다. 그런데 이 영화가 특이한 점은 졸지에 실업자가 된 노동자 루이스는 백인이고, 사장과 권력을 행사하는 다수의 등장인물들은 흑인이라는 것이다. 현실의 미국 사회와 달리 인종의 사회적 역할이 뒤바뀐 세상을 영화는 그려 내고 있다.

영화에 나오는 흑인들은 백인에 대한 근거 없는 편견을 지니고 있으며, 그러한 편견으로 인해 백인을 못견뎌한다. 영화는 피부색이 사람들의 태도나 기대에 영향을 미친다는 점을 보여 주고 있는데, 다만 일반적으로 백인과 흑인에 대해 가지는 태도와 기대를 정반대로 보여 준다는 점에서 특징적이다.

물론 그러한 인종적 역할 전도가 현실 세계에서 일어날 가능성은 거의 없다. 미국은 최초의 흑인 대통령을 탄생시키긴 했지만, 그렇다고 해서 흑인들이 우월하고 백인들은 그런 흑인들의 지배를 받아야 하는 열등한 인간이 되는 사회가 오는 것은 아니기 때문이다. 사실 그런 사회가 와서는 안 된다. 백인이 흑인에 대한 근거 없는 편견으로 흑인에게 부당한 차별을 행하는 것이 옳지 않다면, 그러한 인종적 역할이 전도된 사회 역시 분명히 옳지 못하기 때문이다.

다만 사회적 역할 전도를 다룬 이야기가 관객들에게 보여 주고자 하는 메시지는 우월적 지위를 지닌 사람들과 그렇지 못한 사람들의 지위를 뒤바꾸어 봄으로써 우월한 지위에 있는 사람들이 그렇지 못한 사람들에 대해 지닌 편견과 그에 따른 차별 자체가 잘못된 것임을 양쪽 모두 느끼고 그러한 잘못된 부분을 고쳐 가고자 함일 것이다.

견고해 보이는 사회적 구조나 체제를 현실과는 다르게 뒤집어서 보여 준다는 점에서 사회적 역할 전도를 스크린에 투사하는 영화들은 대개 도발적이다. 우리나라 영화 중에 〈결혼은, 미친 짓이다〉 역시 그렇다. 이 영화는 남성과 여성의 사회적 성 역할이 전도된 경우다. 가부장적인 관념이 오랜 세월 지배적 가치였던 한국 사회에서 남성들의 외도는 사회적으로는 크게 문제시 되지 않았었다. 딸만 여럿 낳은 본부인보다 아들을 낳아 준 둘째 부인이 더 행세를 할 수 있었던 것은 그리 오래전 이야기가 아니다. 돈 많은 사업가가 아내 몰래 또 다른 애인에게 집을 사주고 두 집 살림을 차리는 경우도 생각해 볼 수 있다. 아내한테 들키지만 않는다면 말이다.

그런데 〈결혼은, 미친 짓이다〉에서 두 집 살림을 차리는 것은 남자가 아니라 여자 주인공 연희다. 연희는 이른바 소개팅으로 알게 된 준영과 연애 관계를 지속하지만 대학 강사인 그와 결혼할 생각은 없다. 선을 보고 의사와 결혼한 후에도 연희는 준영과 옥탑방에 살림을 차리고 관계를 유지한다. 남편과는 결혼 관계를, 준영과는 연애 관계를 지속함으로써 두 남성으로부터 각각 경제적 조건과 정서적 만족감을 얻으려 한다.

두 집 살림을 버젓이 해내는 남자가 주인공으로 나오는 영화를 생각해 보자. 관객이 남성이라면, '저 친구 능력 있네. 아내한테 들키지도 않고 젊은 여자와 딴 살림을 차리다니. 부럽다'라고 생각할지도 모른다. 그러나 여성 관객은 이구동성으로 "저 나쁜 놈"을 외칠 것이다. 그러나 같은 관객들이 〈결혼은, 미친 짓이다〉를 본다면, 남성 관객과 여성 관객은 앞의 경우와 정반대의 반응을 보일 것이다. 결국 영화는 가부장적 사회 체제에서 남성들이 누리는 사회적 권력이 여성에게 전도된 상황을 상정함으로써 가부장적 사회의 문제점을 도발적으로 드러내고 있는 것이다.

여기서 한 발짝 더 나간 영화가 〈아내가 결혼했다〉이다. 아내가 결혼하다니 이게 무슨 이상한 소리인가. '아내'라는 말 자체가 결혼한 사람을 지칭하는 표현이기 때문에 '아내가 결혼했다'는 것은 중혼한 여성을 일컫는 상황이다. 물론 상식적으로는 있을 수 없는 일이다. 우리나라는 중혼은커녕 결혼한 사람이 다른 이성과 성관계를 맺는 것을 여전히 간통죄로 처벌하는 사회이기 때문이다. 결국 영화는 〈결혼은, 미친 짓이다〉에서와 같이 일상적으로는 일어날 가능성이 거의 없어 보이는 상황을 설정하여 가부장적 사회에서의 결혼 제도에 대해 모종의 도발적 질문을 던지고 있는 셈이다.

만약 제목이 "남편이 결혼했다"라면 또 다를 수도 있겠지만, 이 영화가 도발적인 이유는 '아내'가 결혼했다는 설정 때문이며 그것도 남편에게만 그 사실을 공개했기 때문일 것이다. 그 사실을 공개했기 때문일 것이다. 이는 〈결혼은, 미친 짓이다〉에서의 연희도 감히 하지 못했던 일이다. 그렇다면 이 영화가 제기하는 물음은 단순히 가부장적 사회에서의 결혼 제도가 지닌 문제 이상의 것임을 짐작할 수 있다. 그것은 도대체 무엇일까?

인아(손예진)는 프리랜서로 일하는 컴퓨터 프로그래머다. 경제적으로 자립이 가능할 뿐 아니라 외모도 빠지지 않아 직장 내에서 뭇 남자 직원들의 눈길을 끄는 존재다. 술도 잘 마시고 남자들과 자유로운 연애도 불사하는 21세기형 여성이다. 문제가 있다면 평생 한 남자만 사랑할 자신이 없다는 것이다. 여성으로는 드물게 축구광으로 세계 축구 판도를 꿰고 있는 그는 역시 밤을 세워 가며 유럽 축구를 즐기는 덕훈(김주혁)과 축구를 매개로 연애를 하게 되고 결혼으로 맺어진다.

그러나 여기서 그들의 결혼은 결코 단순한 맺어짐이 아니다. 인아는 덕훈과의 연애 시절에도 덕훈 한 사람에게만 구속되지 않겠다는 점을 분명히 했고, 덕훈의 계속된 청혼 역시 평생 한 사람만 사랑할 수 없다는 명분 아래 거절에 거절을 거듭한 끝에 받아들였다. 그래서 결혼 후에도 종종 남편 외의 남자와 술을 마시고, 잠자리도 같이 하는 삶을 누리고 있었다. 남편은 사랑하는 아내한테만 충실한 삶을 살고 있지만,

아내는 가끔씩 남편이 눈 감아 주는 외도를 즐기고 있었던 것이다.

그 자체로 이례적인 결혼 관계를 유지하던 어느 날, 아내는 남편에게 다른 사람이 생겼으니 그와도 결혼하겠다는 폭탄선언을 한다. 인아와 덕훈은 결혼으로 맺어졌지만 여전히 열려 있는 관계였던 것이다. 따라서 "아내가 결혼했다"라는 제목이 지니는 의미상의 모순처럼 '맺어졌지만 열려 있는' 매우 이상한 상황이 연출된다. 결혼은 미친 짓일 수도 있고, 아닐 수도 있다. 하지만 결혼한 사람이 또다시 결혼하려면, 맺어진 인연을 끊지 않고도 가능한 것일까?

결국 영화 〈아내가 결혼했다〉는 일단 결혼 제도 자체에 대한 물음, 특히 오늘날 문명화된 거의 모든 사회에서 보편적으로 행해지고 있는 일부일처제에 대해 묻고 있다. 일부일처제는 남성과 여성 모두가 배타적으로 한 명의 배우자만을 가져야 한다는 것을 전제하고 있다. 하지만 실제 삶에서는 어떤가. 주인공 인아의 말처럼 평생 한 사람만 사랑하고 사는 사람은 많아 보이지 않는다. 더 나아가 혼인 관계를 유지한 상태에서 배우자 몰래 외도를 저지르는 일도 드물지 않게 일어난다.

여기서 중요한 것은 '몰래' 라는 단서다. 몰래 한 외도는 배우자가 알 수 없기 때문에 결혼 관계를 유지하는 데 지장을 주지 않는다. 그러나 들키는 날에는 맺어진 관계의 매듭이 풀리는 상황이 되는 것이며, 따라서 그 풀린 매듭을 어떻게 처리하느냐에 따라 최악의 경우 이혼으로 발전하게 된다. 왜 그런가? 일부일처제하에서의 결혼은 다른 이성에 대해 배타적이고 당사자들 상호 간에 독점적인 관계를 의미하기 때문이다.

문제는 적지 않은 수의 유부남과 유부녀들이 실제로 배우자 몰래 외

아내가 결혼했다 (2008)

도를 한다는 데 있다. 진화심리학자인 데이비드 버스는 여러 연구 결과의 평균치로부터 미국 남성의 30~50%, 여성의 24~40% 정도가 결혼 기간 중 최소 한 번의 외도를 경험하는 것으로 추정했다. 미국의 사례를 일반화할 수는 없겠지만, 우리나라의 경우도 이혼 사유의 80% 이상이 배우자의 부정 때문이라고 한다. 최근 10년간 부쩍 늘어난 이혼율과 들키지 않은 숨어 있는 외도를 포함하여 추정한다면 적지 않은 수의 한국인들도 혼외정사를 하고 있을 것이다.

결국 일부일처제는 평생 한 사람만을 사랑하고, 그 사람에게 성적으로 충실하겠다는 결혼 제도이지만, 그 조건이 실제로는 모든 사람이 쉽게 지키기 어려운 것이라는 데 문제가 있다. 배우자에 충실한 척하면서도 실제로는 그러하지 않은 경우가 많다면, 과연 결혼이라는 것을 왜 해야 하는가에 대해 진지하게 물어볼 필요가 있지 않을까?

남자든 여자든 결혼은 사람의 인생에 있어서 급격한 변화를 초래하는 사건이다. 20~30년을 부모님 밑에서 혹은 혼자 살다가 어느 날 갑자기 다른 이성과 함께 가정을 이루고 살기 시작하는 결혼은 어떤 면에서 불합리하기조차 하다. 결혼이란 불과 몇 달 전 또는 몇 년 전까지만 해도 전혀 모르던 사람과 이후 평생 동안 같이 살겠다고 약속하는 것이기 때문이다. 결혼은 혈연으로 맺어진 그래서 인위적으로 지우려고 해도 지워지지 않는 부모와 자식 간의 관계와는 다른 형태의 관계의 시작을 의미한다.

우리에게 선택할 수 있는 여러 직장이 있다고 가정해 보자. 그런데 어떤 회사에서 그곳에서 일하기 위해서는 그 직장에서만 평생 일하겠다는 계약을 맺을 것을 요구한다면, 아직 일해 본 적도 없는 그 직장에 대해서 그런 계약을 맺어 가면서 일하겠다고 할 사람이 있겠는가? 그런 계약을 맺지 않아도 되는 직장을 알아보고, 그런 직장에서 자신에게 그 일이 잘 맞는지를 경험해 보고 잘 맞지 않으면 잘 맞는 곳으로 이직을 하는 것이 합리적이지 않을까?

이성과의 관계도 평생 그런 방식으로 이어갈 수 있음에도 불구하고 사람들은 기꺼이 '검은 머리 파뿌리 될 때까지' 혹은 '죽음이 두 사람을 갈라놓을 때까지' 같이 살겠다는 서약을 하고 결혼 관계에 들어간다. 동서양을 막론하고 이혼이 흔해진 오늘날, 일부 사람들은 결혼식에서의 서약을 '사랑의 감정이 지속될 때까지 같이 살겠다'로 바꾸어야 한다고 말하기도 한다.

그러나 예나 지금이나 사랑의 감정은, 이상적인 결혼의 조건이거나 결혼의 명분이기는 했어도, 결혼 자체의 필요조건이나 충분조건인 것은 아니다. 대다수의 전통 사회에서 결혼은 가족 간의 결합이었고, 그러한 제도 아래서 개인의 로맨틱한 사랑은 그리 중요하지 않다. 조선시대 양반 계급의 결혼을 생각해 보라. 신랑이나 신부나 상대방의 얼굴을 처음 보게 되는 것이 혼례 장소인 경우, 오늘날의 관점에서 볼 때 지독하게 운이 좋지 않다면 그들이 서로 사랑에 빠지는 일은 쉽게 일어날 수 없었을 것이다.

오늘날은 자유로운 연애의 시대이지만, 그렇다고 해서 사랑이 결혼의 필요조건이 되는 것은 결코 아니다. 〈결혼은, 미친 짓이다〉의 연희를 보라. 그가 결혼한 사람은 그가 사랑한 사람이 아니었다. 또한 셰익스피어의 《로미오와 줄리엣》을 보라. 죽도록 사랑한다고 두 사람이 결혼에 이르는 것 역시 아니다. 이처럼 사랑은 결혼의 충분조건은 더더욱 아니며, 옛날의 유행가 가사처럼 기껏해야 눈물의 씨앗일지도 모른다.

그렇다면 왜 합리적이지 않아 보이는 결혼을 하는가? 플라톤의 《향연》에 나오는 에피소드 하나를 살펴보도록 하자. 사랑에 관한 많은 이야기들이 나오는 이 책에서 등장인물 중의 하나인 아리스토파네스가 사랑과 결혼에 대한 신화를 소개한다. 원래 인간은 오늘날의 모습과 달리 두 남성이 하나의 몸으로 붙어 있는 모습, 두 여성이 하나의 몸으로 붙어 있는 모습, 그리고 남녀가 하나의 몸으로 붙어 있는 모습으로 세 종류가 있었다고 한다. 그러니까 원래 인간은 얼굴이 두 개, 팔다리는 각각 네 개씩 있었다는 것이다. 그런데 이들이 지금의 인간보다 힘이 세어서 신들을 공격하는 일이 잦자 제우스가 이들을 둘로 쪼개어서 지금처럼 사람의 모습이 되었다는 것이다.

원래는 그 자체로 온전하고 완전했지만, 둘로 나누어졌기 때문에 불완전해진 인간은 원래의 모습으로 돌아가려는 열망을 지니며 그것이 바로 자신의 다른 반쪽을 찾으려는 욕구로 나타난다는 것이다. 아리스토파네스에 따르면, 이것이 바로 오늘날 우리가 사랑이라고 부르는 에로스의 본성이다. 그래서 동성애자들은 그들의 원래 모습이 두 남성 혹은 두 여성이 하나의 몸으로 붙어 있었던 경우이고, 이성애자들은 그들의 원래 모습이 남성과 여성이 하나의 몸으로 붙어 있었던 경우라고 한다. 자신의 다른 반쪽을 찾아 원래 모습대로 하나가 되려는 열망이 사랑으로 나타나고 그 완성을 결혼에서 보게 된다는 이야기다.

실제로 우리는 '나의 다른 반쪽'이라는 말을 사랑하는 사람에게 사용한다. 인간은 불완전하기 때문에, 더군다나 혼자서는 여러모로 부족하기 때문에 다른 사람과의 협력이 필요하다. 그런데 그 '다른 사람'이 원래는 나의 일부였다고 생각하면, 그와의 평생의 결합에 대한 합리화는 가능해 보인다. 나의 일부였던 이성과의 결합을 통해서 완전해질 수 있다는 생각은, 설사 결혼 후에 실은 원래 다른 사람의 일부였던 반쪽을 나의 일부로 착각했었다는 생각이 들지라도, 일단 사람들이 애초에 사랑에 빠지고 결혼에 이르도록 하는 데 일조한다.

그러한 생각, 즉 자아의 완성 과정의 하나로 결혼을 바라보는 시각은 서양에서는 고대 그리스뿐 아니라 중세와 근대를 통해서 광범

위하게 지속된 것이었다. 다만 고대에는 당사자들(과 가족)의 동의를 통해서 비교적 형식에 구애받지 않고 결혼이 이루어진 반면, 중세 시대에는 기독교가 결혼 제도에 관여하기 시작했고, 근대에 이르면 국가가 결혼 제도에 개입하기에 이른다. 즉 국가의 개입으로 결혼과 관련된 법이 생겨서 결혼식을 제도화하고 국가기관에 혼인신고를 하도록 하기에 이른다.

흥미로운 것은 잃어버린 반쪽을 찾아 하나가 된다는 '자아의 완성'을 명분으로 하고 있기는 하지만, 결혼 제도는 그 내면적인 필요성을 따지게 되면 종족번식과 관련되어 있다는 점이다. 결혼은 그 관계에 있는 커플로 하여금 사회적으로든, 종교적으로든, 법적으로든 성관계를 해도 좋다는 공개적인 용인의 과정이다. 실제로 혼자서는 아이를 낳을 수도 없다. 그래서 종족번식에 있어서도 남녀의 결합은 필요하다. 단, 가족을 이루고 살면서 아이를 낳아 기르는 것이 가장 안정적 형태의 종족번식 수단으로 정착되었다고 볼 수 있을 것이다. 그러한 수단과 과정에 그럴듯하게 의미를 부여해 주는 것이 '자아의 완성'과 같은 수사인 것이다.

물론 역사적으로 많은 문화권에 일부다처제가 있었고, 어떤 사회에서는 일처다부제도 있었다. 하지만 그러한 제도는 모든 남성과 모든 여성에게 해당되는 제도는 아니었고, 그러한 제도가 허용되는 사회의 소수의 사람들과 관련되었다고 할 수 있다. 여기서 중요한 것은 사회, 경제적 조건이다. 즉, 일부다처제의 경우 모든 남성들이 여러 여성과 결혼할 수 있었던 것은 아닌데, 여러 명의 부인을 거느릴 수 있는 남성은 사회적으로 지위가 높고 경제적으로 여유가 있는 사람들이었다. 따라서 제도적으로 허용된 경우라 하더라도 소수의 남성들만이 여러 여성과 결혼한 것이다.

그런 상황은 조선시대를 보면 쉽게 이해할 수 있다. 가장 많은 여성을 거느릴 수 있는 사람은 왕위에 오른 단 한 명이었다. 현실적으로 첩을 둘 수 있는 남성 역시 양반 계급에 속하는 사람 중에 경제적으로 여유가 있는 경우로 국한되었을 것이다. 만약 여러 명의 부인을 두는 것이 광범위하게 행해졌다면, 남녀 성비를 감안할 때 결혼을 하지 못하는 남성의 수가 늘어났을 것이며 그러한 경우는 대체로 사회적 지위가 낮은 남성들이었을 것이다. 따라서 단순히 종족번식의 관점에서만 본다면, 일부다처제에서 문제가 되는 것은 여성이 아니라 남성이다. 기계적으로 계산했을 때, 자신의 아이를 낳지 못할 가능성은 여성보다 남성의 경우가 더 크기 때문이다.

일처다부제의 경우는 일부일처제보다 널리 행해지지는 않았는데, 유태교, 기독교, 이슬람교 등 주요 종교에서 금하고 있는 점과 무관하지 않은 것으로 보인다. 또한 티베트와 네팔 등에서 발견되는 일처다부제도 둘 또는 그 이상의 형제들이 한 명의 여성과 결혼하는 경우다. 학자들은 옛날 음식이나 자원이 부족한 지역에서는 생존 자체가 문제였으므로, 아이들의 생존율을 높이기 위해서 한 명의 여성이 여러 명의 남성과 결혼했을 것으로 믿고 있다.

결국 실제 속사정이야 어떤지 몰라도 결과적으로 일부일처제가 가장 보편적인 결혼 제도로 자리 잡게 된 것은 여러 사회, 경제적인 조건을 고려했을 때 가장 안정적으로 후세를 키울 수 있는 장점을 지니고 있기 때문일 것이다. 그러한 속사정이 자아의 완성이라는 생각과 결합해서 사람들은 대대로 결혼을 해 왔다. 그런데 여기서 심각하게 살펴보아야 할 것은 그러한 전통적인 결혼 및 가족 제도가 전제하는 것이 남성의 사회, 경제적 조건이 중요한 역할을 한다는 것이다. 즉 아주 오랜 세월 동안 가부장적인 제도가 뿌리를 내리게 된 것과 결혼 제도는 밀접한 관련이 있다는 것이다.

원시 사회에서 남성들은 수렵을 통해서 생존과 양육에 필요한 먹을 것을 제공하고, 여성들은 출산과 양육을 책임졌을 것이다. 시간이 흐르면서 그러한 성 역할은 대체적으로 고정되어 남성들은 경제활동을, 여성들은 출산과 양육을 담당해 왔다. 그런 방식으로 확립된 일부일처제에서 여성들은 아이를 돌보는 일에 많은 시간을 보내야 하기 때문에 경제활동에 한계가 있을 수밖에 없었다. 실제로 인위적인 방법으로 피임을 하기 이전의 전통 사회에서는 한 여성이 열 명 가까운 자녀를 낳는 것도 흔한 일이었다. 영아사망률이 높던 시절 아이를 많이 낳는 것은 종족보존의 관점에서 경제적인 일이었다.

생명 현상을 자연적으로 바라보는 생물학적 관점에서 생명의 목적은 재생산이다. 진화심리학에서도 남성과 여성 모두에게 많은 자손을 낳아야 한다는 진화적인 압박이 있다고 한다. 여성은 가임기 동안 계속해서 임신을 함으로써 그 목적을 실현하는 것이고, 남성 역시 가능한 한 많은 씨를 뿌리기 위해서 노력할 것이다. 단, 여성은 육아에 매인 몸인 반면, 남성은 자신의 몸속에서 아이를 자라게 하지 않기 때문에 기회가 온다면 배우자가 아닌 여성에게도 자신의 씨를 뿌리려고 할 가능성이 있다. 그에게 사회, 경제적인 지위가 뒷받침된다면 그럴 가능성은 높아진다.

따라서 배타적이고 독점적인 관계여야 할 것으로 여겨지는 결혼 관계에는 그러한 빈틈이 존재하며, 전통 사회에서는 상대적으로 남성들이 그러한 빈틈을 활용할 가능성이 더 높았다. 그러나 이제 여성들의 사회, 경제적인 지위가 높아지고 있다. 실제로 우리나라 이혼율의 증가세는 여성들의 경제적 독립 추세와 상관관계가 있다고 한다. 남편이 바람을 피웠을 때, 예전 같으면 자식 생각해서 참거나 경제적 자립의 어려움 때문에 참고 사는 경우가 많았지만, 이제는 그렇지 않다는 것이다.

결국 남성이 사회, 경제적 권력을 독점하던 시대에는 전통적인 의미의 일부일처제는 크게 도전받지 않았지만, 이제 여성들의 사회 진출이 활발해지면서 '검은 머리 파뿌리 될 때까지' 라는 서약의 조항은 많은 커플들에게는 화석화된 이야기처럼 들리게 되었다. 즉 한 사람의 배우자만을 평생 동안 사랑하며 같이 살 것을 계약 조건으로 하는 전통적인 의미의 일부일처제가 심각한 위기에 직면한 것이다.

그래서 서양의 여러 국가에서는 대안적 형태의 일부일처제가 그 세력을 조금씩 확대하고 있는데, 이른바 연속적 일부일처제(serial mono-gamy)라 불리는 것이다. 이는 한 사람이 다른 배우자와 독점적이고 배타적인 결혼 관계를 맺되, 부부간의 사랑이나 신뢰가 깨지면 이혼하고 다른 배우자를 찾는 형태를 지칭한다. 즉 배우자 간의 배타적, 독점적 관계는 유지하되 평생 같이 살아야 한다는 조항이 제거된 형태의 일부일처제인 것이다. 옛날과 달리 이혼이 쉬워지면서 이러한 형태의 남녀 관계가 늘고 있다고 한다.

이러한 대안적 형태에서 보듯이 남녀 관계에서 또 결혼 관계에서 우리가 주목해야 할 점은 배우자 간의 배타적이고 독점적인 관계이다. 그래서 대부분의 경우에 남녀 관계는 일대일 관계라고 볼 수 있다. 남녀가 서로 사랑한다면, 서로에게 충실할 것을 요구한다. 바로 독점욕이다. 물론 경우에 따라서 한 남자는 혹은 한 여자는 동시에 두 명의 이성을 사랑할 수 있다. 하지만 그 경우 양다리를 걸친 사실이 상대방에게 알려지는 순간 그 관계는 위기에 직면하게 된다. 그만큼 사랑과 결혼 관계에서 독점욕은 중요한 것이다.

결국 영화 〈아내가 결혼했다〉는 단순히 일부일처제라는 결혼 제도에 대한 도발적 질문 그 이상을 하고 있는 것이다. 그것은 남녀 관계에 있어서의 독점욕에 관한 질문이며, 그 질문이 특히 도발적인 이유는 여자가 두 명의 남자를 사랑하고, 그 두 명의 남자와 동시에 결혼하는 상황을 남자가 용납할 수 있겠는가 하는 질문을 던지고 있기 때문이다.

가부장적 가족 제도하에서 많은 남성들은 자신들의 외도는 괜찮지만 아내의 외도는 용납할 수 없다는 생각을 가져왔다. 그뿐 아니라 결혼을 앞둔 총각이 자신의 혼전 성경험은 문제가 되지 않지만, 배우자가 될 여성의 처녀성은 매우 중요하다는 이중적 가치 기준을 적용하는 것을 어렵지 않게 볼 수 있다. 남성들은 자신이 결혼할 여성의 과거마저도 독점하려고 하는 것이다. 하지만 남녀 관계에 있어서는 현재를 독점하는 것도 쉽지 않다. 여자 친구가 나를 버리고 다른 남자 친구와 사귀게 될 가능성은 얼마든지 열려 있기 때문이다. 그러니 과거를 독점하려는 시도는 불가능한 일임에도 거기에 집착하는 남성들은 여성의 관점에서는 우스워 보일 수도 있다.

〈아내가 결혼했다〉는 그러한 남성의 독점욕을 결혼 관계에서 무장 해제시키려는 시도다. 그래서 보통 남성들은 이 영화를 관람하고는 "뭐 이런 영화가 다 있어? 불쾌하다"라는 반응을 보이고, 여성들은 여자 주인공의 행동이 "속 시원하다"는 반응을 보이는 경우가 많다. 그러나 이 영화는 앞서 든 사회적 역할 전도 영화들과는 다른 한계를 태생적으로 지니고 있다.

영화 자체가 아주 잘 만들어지지는 않았지만 〈백인의 짐〉의 경우 흑인과 백인의 사회적 지위만 바꿔서 이야기를 진행시켜 나갔을 때, 현재 미국 사회에 무엇이 문제인지가 자연스럽게 드러날 수 있는 구조를 띠고 있다. 〈결혼은, 미친 짓이다〉 역시 연희의 행동은 과거의 남성들이 했을 법한 이야기를 여성의 관점에서 보여 주고 있다. 물론 주인공인 연희가 스스로 삶의 주체가 되지 못하고 돈 많은 의사와 결혼함으로써 적당히 타협한다는 점에서 여성주의와는 거리가 먼 영화이기는 하지만 말이다.

〈아내가 결혼했다〉는 도발적 질문을 던지고는 있으나 크게 현실을 뒤돌아보게 하는 힘을 지니지는 않는다. 사회적 성 역할을 바꾼다고 해서, 즉 아내가 아니라 남편이 결혼하는 상황으로 이야기를 진행한다 해도 뭔가 이야기가 되어야 하지만, "나 사람 생겼어. 그 여자랑 결혼할 거야"라고 아내에게 이야기할 남편은 없다는 점에서 허구의 층위가 너무 나갔다는 느낌을 지우기 어렵다.

두 남편, 자식과 함께 살 환경을 만들기 위해서 이민을 꿈꾸는 원작 소설의 대목을 바르셀로나 구장에서 네 명의 조우로 처리한 영화 속 마지막 시퀀스를 보면, 이야기를 잘 끌어가다가 맥없이 흐지부지되는 느낌을 준다. 이는 마치 남성의 독점욕이 조금이나마 줄어드는 세상을 꿈꾼다면 이민이나 가야 한다는 이야기처럼 들린다. 영화 자체가 도피적인 성격을 지니고 있는데, 그 안에서 다시 도피적 해법을 찾아야 하니 영화는 갑자기 공허한 결말로 치닫는 것이다.

이제 현실로 돌아와서 이 문제를 고민해 보자. 독점욕이 무장 해제된 이성 관계나 결혼 관계는 현실성이 있을까? 인간의 삶의 조건이 지금과는 현저하게 달라지지 않는다면 그러한 관계가 그리 보편화될 가능성은 적어 보인다. 오히려 독점적이고 배타적인 관계가 만들어지고 깨어지고 다시 만들어지고 하는 식의 연속적 일부일처제가 지금보다는 더 널리 행해질 가능성이 높아 보인다. 그것은 곧 가족 제도의 변화를 의미한다. 어쩌면 사랑과 결혼은 더 이상 쌍으로 같이 가는 어휘들이 아니게 될지도 모른다. ❧

>> 더 볼 영화

행복 (Le Bonheur, 1965), 아그네스 바르다 감독

"내가 별을 따 달래, 달을 따 달래. 나는 그저 남편만 하나 더 갖겠다는 건데." 이것은 영화 속 인아가 남편 덕훈에게 다른 남자와 결혼하겠다면서 하는 말이다. 이 대사는 영화의 원작 소설 《아내가 결혼했다》에는 없다. 대신 소설

이 다루고 있지만 영화에는 빠진 부분이 있다. "영화처럼"이라는 제목이 붙은 장에서 두 남자와 한 여자의 관계를 다룬 영화들을 검토한 뒤, 덕훈은 우리는 영화처럼 살 수 없다고 결론 내린다. 현실과 영화는 다르다는 것이다.

소설에서 덕훈이 검토한 영화들은 마우리치오 시아라 감독의 〈리스본행 노란색 시트로엥〉과 롤프 슈벨 감독의 〈글루미 선데이〉, 그리고 프랑수와 트뤼포 감독의 〈줄 앤 짐〉이다. 영화에 등장한 두 남자와 한 여자 중 누군가는 상처받고 누군가는 괴로워하고 누군가는 떠난다.

이들 영화와는 반대로 한 남자와 두 여자의 관계를 그리고 있는 아그네스 바르다의 영화 〈행복〉에서도 누군가는 상처받고 떠난다. 남자와 여자 그리고 그들의 두 아이는 화창한 일요일 풀밭에서 평화로운 피크닉을 즐긴다. 화면에 모차르트의 〈클라리넷 5중주〉가 더해지면서 그들의 행복감은 관객에게도 분명히 전달된다. 그런데 아내를 여전히 사랑한 채 남자는 다른 여자와 사랑에 빠진다. 전에 없이 행복해 보인다는 아내의 말에 남자는 다른 여자에 대해 고백한다. 그리고 행복은 더해질수록 커지는 것이라는 말을 덧붙인다. 영화가 보여주듯이 한 남자가 동시에 두 여자를 사랑하는 것은 가능하겠지만, 그러한 상황을 두 여자가 용납하는 것은 매우 어려워 보인다. 이 영화가 만들어진 사회, 문화적 맥락은 〈아내가 결혼했다〉와 다를지언정 주인공의 아이처럼 거리낌 없는 생각과 행동은 비슷하다.

— 8 —
진정한 예술의 의미를 찾아서

폴락
(Pollok, 2000)
에드 해리스 감독

반드시 그런 것은 아니지만 예술가 하면 우리는 종종 자유분방한 삶을 사는 매우 개성적인 사람들을 연상하곤 한다. 실제로 적지 않은 유명한 화가나 작곡가, 문필가들이 그런 삶을 살았고, 일부는 알코올중독에 우울증과 같은 정신적인 문제를 안고 살기도 했다. 작곡가 드뷔시와 화가 피카소는 숱한 여성편력으로 사람들의 입에 오르내렸고, 신기에 가까운 바이올린 연주 실력을 지녔던 파가니니는 기인이었던 것으로 전해진다. 우울증을 앓았던 고갱은 자살을 시도했고, 버지니아 울프는 스스로 목숨을 끊었다.

　이처럼 유명한 예술가들의 사례를 통해 사람들은 예술적 창조성이 정상적인 정신상태와 정신병적인 상태의 경계선에서 발휘된다고 이야기하기도 한다. 조울증 연구의 권위자인 정신의학자 케이 제이미슨에 따르면 조울증과 예술적 창조성 사이에 연관 관계가 있다고 한다. 일례로 41년의 길지 않은 생애에 백여 곡을 작곡한 슈만은 극심한 조울증을 앓았는데, 그의 주요 작품의 대부분은 감정 사이클이 우울증에서 회복되는 시기에 작곡되었다고 한다.

굳이 그런 병적인 이야기를 하지 않더라도 예술가라고 하면 종종 일반 사람들이 보고 느끼는 것과는 다른 창조적 영감을 얻기 위해 술독에 빠져 산다든가 마약에 손을 댄다든가 기행을 일삼는 식으로 일상적인 틀에서 벗어난 삶을 사는 사람들이라는 이미지를 가지곤 한다. 마치 철학자 하면 떠오르는 이미지가 긴 머리와 깎지 않은 수염, 그리고 현실감각이 떨어져 뭔가 엉뚱하게 행동하는 사람인 것처럼 말이다.

서양미술사에서 이젤과 붓이라는 도구의 의미를 완전히 바꾸어 버린 미국의 화가 잭슨 폴락도 그러한 예술가의 이미지에 잘 들어맞는 인물이다. 영화 〈폴락〉은 술에 취한 채로 운전하다 사고를 내고 44세에 생을 마감한 잭슨 폴락의 일대기를 그린 영화다. 이 영화에서 우리는 폴락(에드 해리스)이 자신의 후견인인 페기 구겐하임이 주최한 송년파티에서 벽난로에 소변을 보거나 지인들과 함께 한 추수감사절 만찬에서 식탁을 뒤집어엎는 장면을 목격할 수 있다.

알코올중독이었던 폴락이 술에 만취한 채 길거리에 누워 자는 모습이나 자전거에 맥주를 잔뜩 싣고 가던 중에 참지 못하고 한 병을 따서 마시다가 넘어져 아끼는 맥주들이 병째 산산조각 나버리자 망연자실해 하는 표정 등은 자신의 전시회에 말끔한 정장차림으로 미술계의 인사들과 담소를 나누는 장면과는 너무 대조적인 모습이다.

폴락이 유명해지기 전 그의 천재성을 알아본 사람은 역시 훗날 영

폴락 (Pollock, 2000)

향력 있는 추상표현주의 화가가 된 리 크레이즈너였다. 갈 곳이 없는 폴락과 자신의 아파트에서 동거를 하다가 그를 미술품 수집가 페기 구겐하임에게 소개해 준 것도 크레이즈너였다. 당시 폴락은 밥벌이도 제대로 하기 어려운 무명 화가였지만, 그와 그의 미술에 매료된 크레이즈너는 폴락과 결혼하기에 이른다. 하지만 지나가는 폭풍이라 둘러대며 폴락은 결혼 후에도 술과 여자에 빠지곤 한다.

세계사의 여느 유명인들처럼 지금은 미술사적으로 너무 유명해졌기 때문에 폴락 역시 그 모든 문제들이 대수롭지 않은 일들로 용인될 수 있는 것일까? 실제 전기를 바탕으로 만들었다는 영화 〈폴락〉을 보면서 한 훌륭한 화가의 고뇌와 불안한 심리, 개인적 문제들이 안쓰러워 보이기만 했을 뿐 그리 도덕적으로 결함 있는 나쁜 사람이라는 인상을 받지는 않았다. 물론 그 모든 것이 영화 연출상의 문제일 수도 있겠지만 말이다.

이처럼 예술가는 창조적인 활동을 하는 사람들이기 때문에 보통 사람들의 삶의 범주를 조금 벗어난다 해도 그러한 일탈행동을 대수롭지 않게 생각하는 것은 아마도 나의 주관적인 판단만은 아닐 것이다. 마일즈 데이비스나 존 콜트레인 같은 위대한 재즈 뮤지션들도 마약중독의 추억을 안고 살았으며, 헤밍웨이도 네 번의 결혼 끝에 자살로 생을 마감했다.

"인생은 짧고, 예술은 길다"(Art is long, life is short)라는 말이 있다. 히포크라테스가 제일 처음 했다는 이 말은 원래는 훌륭한 일을 성취하는 데는 오랜 시간이 걸린다는 뜻을 지니고 있었지만, 이제는 흔히 이해하듯 사람들은 한평생을 살다 죽어도 예술작품은 오래도록 남아 기억된다는 뜻으로 사용되고 있다. 후자의 의미대로 위대한 예술가는 결국은 한 인간이 아니라 그가 남기는 작품에 의해서 평가되고 기억될 것이다. 일탈적이었든 아니든 예술가의 삶의 에피소드가 상대적으로 사소하게 느껴지는 이유는 아마도 거기에 있을 것이다.

그렇다면 예술가에 대한 이러한 이미지는 어떻게 해서 생겨난 것일까? 많은 철학자와 예술사가들은 그러한 이미지가 역사적으로 비교적 최근인 18세기 중반 이후에 생겨난 것으로 보고 있다. 그 시기는 예술적으로는 낭만주의가 시작된 무렵이고, 역사적으로는 산업혁명이 시작된 무렵이다. 그럼 도대체 낭만주의와 산업혁명이 예술가에 대해 우리가 지니고 있는 이미지와 어떤 관계가 있는 것일까?

인터넷 영어사전에서 예술을 뜻하는 단어인 'art'를 찾으면 다음과 같은 정의가 나온다.

---

art [aːrt] n.

(1) ⓤ예술; [종종 pl.] 미술; [집합적] 예술[미술]작품

(2) (잡지 등의) 삽화;【인쇄】(본문에 대하여) 삽화, 도판

(3) (특수한) 기술, 기예; (특수 기술을 필요로 하는) 직업; 동업자의 조직

(4) [pl.] (대학에서, 이공계 과학(science)과 대비하여) 인문과학, 문과계;《미》(대학의) 교양과목

(5) ⓤ인공, 기교; 숙련, 솜씨, 수; 작위(作爲)

(6) ⓒⓤ[종종 pl.] 술책, 수완(artifice)

(네이버 영어사전)

위의 정의에서 우리는 'art'가 예술 외에도 기술이나 기교와 같은 뜻도 지니고 있음을 알 수 있다. 고대 그리스에서는 오늘날 우리가 예술이라고 부르는 것에 해당하는 낱말로 테크네(technē)라는 말이 있었는데, 이는 숙련된 기술이나 기교를 뜻하는 것이었다. 그렇다면 무엇에 대한 기술이나 기교를 뜻하는 것일까? 이에 대한 답은 철학자 플라톤과 아리스토텔레스가 제공하고 있다.

플라톤은《국가》에서 예술가를 모방하는 사람으로 보았다. 그는 침

대의 예를 들어 우리가 세 유형의 침대를 구분할 수 있다고 한다. 하나는 신이 만든 침대이고, 다른 하나는 목수가 만든 침대, 그리고 마지막으로 화가가 그린 침대이다. 여기서 플라톤은 신의 침대야말로 진정으로 실재하는 이상적인 침대이며, 목수의 침대는 신의 침대에 대한 불완전한 카피에 지나지 않는다고 한다. 그러니 목수의 침대를 보고 그린 화가의 침대는 카피의 카피, 모방에 대한 재모방에 불과하다는 것이다.

이러한 구분은 플라톤의 철학에 근거한 것으로, 플라톤은 눈에는 보이지 않고 만질 수도 없지만 이성을 통해서 머리로 생각할 수 있는 영역이 있다고 보았다. 이성의 능력을 통해서 도달할 수 있는 지식의 세계만이 진정 가치가 있는 것이기 때문에, 우리가 살아가고 있는 세계는 그러한 진정한 세계보다는 한 단계 아래의 세계일 뿐이라는 생각이다. 그런 생각을 지닌 플라톤에게는 하물며 그 세계 안의 사물을 모방한 그림이 그리 높은 가치를 지니는 것으로 여겨지지 않았던 것이다.

결국 예술에 대한 플라톤의 생각은 매우 부정적인 것이다. 그에 따르면, 화가란 진짜가 아닌 가짜를 모방하면서 그 모방술로 사람들을 속이는 사기꾼이다. 시인도 마찬가지다. 언어라는 물감으로 시에 색을 입히는 거짓말쟁이일 뿐이다.

아리스토텔레스 역시 예술을 모방하는 일로 규정했지만, 플라톤과는 달리 예술을 부정적인 것으로 보지는 않았다. 그는 모방을 통해 만들어진 작품이 사람들에게 주는 좋은 점이 있다고 보았기 때문이다. 그는 인간을 본성적으로 자연을 모방하는 작품을 만들어 내는 충동을 느끼는 모방하는 존재라고 보았다.

모방에 대한 그의 생각은 《시학》이라는 책에 잘 나타나 있다. 이 책에서 다루고 있는 내용은 주로 비극에 관한 것인데, 아리스토텔레스는 비극이 사람의 행동을 모방한다고 보았다. 말하자면 모든 시가는 사람들의 삶을 재현해 내는 것이다. 그것이 연극의 형태로 공연될 때 더욱 그러할 것이다.

그런데 아리스토텔레스는 《시학》에서 그러한 비극을 만들어 내는 법, 즉 작시술에 대해 자세히 다루고 있다. 여기에는 모방이 단순한 서술이어서는 안 되며 어떤 드라마적인 형식에 의해서 사건이 구성되어야 훌륭한 예술작품이라고 볼 수 있다는 생각이 작용했다. 그래서 단순한 사건의 서술이 아니라 플롯으로 사람들에게 감동을 줄 수 있어야 한다는 것이다. 그러한 감동은 희극의 경우에는 기쁨을, 비극의 경우에는 카타르시스(catharsis)를 주는 것이다.

비극이 주어야 하는 카타르시스는 '배설' 혹은 '정화'(깨끗이 하다)의 뜻을 지닌 그리스어다. 원래는 단순히 의학적 용어로 쓰였지만, 아리스토텔레스에 의하여 비극의 독자나 관람자가 느끼는 감정을 나타내는 의미로 사용되었고, 19세기에 이르러서는 정서적인 배출에 의한 정화작용이라는 의미가 강조되었다.

아리스토텔레스는 이처럼 비극이 카타르시스라는 기능을 위해 설계되는 예술형식이며, 그러한 예술작품의 창작을 위해서는 적절한 기술을 습득하는 것이 중요하다고 보았다. 비록 그는 주로 비극이나 희극과 같은 시가에 대해서 말하고 있지만, 회화의 경우로 논의를 확대해도 크게 다르지 않다.

이처럼 예술을 모방으로 보면 누가 훌륭한 예술가인지는 얼마나 모방을 잘하는가의 기준에 의해 결정될 것이다. 그리고 이는 모방하는 기술이 뛰어난 사람이 더 훌륭한 예술가라는 생각을 가능하게 해 준다.

회화의 경우라면 그리고자 하는 대상을 얼마나 정확하게 화폭에 재현해 내는가가 가장 중요한 기준이 될 것이다.

어떤 면에서, 서양에서 회화의 역사는 19세기에 이르기까지 자연 세계를 화폭에 있는 그대로 얼마나 잘 베껴 낼 수 있는지를 시험하는 무대였다고 말할 수도 있을 것이다. 르네상스 이전의 회화는 원근법을 몰랐기 때문에 대부분의 그림이 공간적 깊이감을 결여한 평면적인 느낌을 주었다. 하지만 르네상스 건축가 브루넬레스키에 의해 제시된 투시법을 통한 원근법의 아이디어는 마사치오의 회화에 구현되면서 이전의 회화와는 차원이 다른 모습을 보이면서 평면의 화폭에 우리가 실생활에서 경험하는 3차원의 입체감에 근접한 효과를 재현하게 되었다.

뿐만 아니라 레오나르도 다빈치를 비롯한 여러 르네상스 화가들이 해부학에 조예가 깊었다는 사실은 당시 화가들이 인체를 사실적으로 재현하기 위해서 근육과 뼈대 등 인체의 구성요소들을 직접 관찰하고 알려고 했다는 것을 말해 준다. 즉 당시 화가들은 자연을 제대로 모방하고 재현하기 위해서는 자연에 대해 정확하게 알 필요가 있다는 생각을 했던 것이다.

이는 관찰과 실험을 통해서 자연에 대한 정확한 이해를 꾀했던 당시의 과학자들의 태도와 일치하는 것이었는데, 이러한 점은 결국 당시 화가들의 아이디어가 오늘날 우리가 생각하는 예술가의 이미지와는 많이 다르다는 것을 알려 준다. 망원경을 발명한 천문학자들은 밤하늘의 별의 움직임을 관찰한 뒤 우주의 정확한 모습이 무엇인지를 수학을 통해서 보여 주려고 했고, 원근법과 해부학의 아이디어를 회화에 적용한 화가들은 사람과 사람이 살고 있는 세계의 정확한 모습이 무엇인지를 선과 색채를 통해서 보여 주려고 했다.

　이처럼 예술이 자연을 모방하는 것이라는 관점 아래서는 예술가의 많은 기술적인 부분이 상당히 큰 비중을 차지하게 된다. 오늘날 우리는 고려청자나 조선백자를 위대한 예술작품의 사례로 높이 평가하고 있지만, 당시 도자기를 만든 도공은 그야말로 고대 그리스인들이 생각했던 테크네에서 최고의 경지에 이른 장인인 것이다. 〈최후의 만찬〉을 그린 다빈치나 시스티나 성당의 천장벽화 〈천지창조〉를 그린 미켈란젤로 모두 성서에 묘사된 이야기를 보다 사실적으로 재현해 내기 위해 노력한 것이다.

　결국 예술을 일종의 기술 또는 기예로 이해한 아리스토텔레스에 의해 제시된 예술모방론의 아이디어는 서양예술사에서 2천 년이 넘는 오랜 기간 동안 도전받지 않고 주도적인 예술론의 지위를 누렸다. 예술가는 충실한 모방이나 재현을 위해 애쓰는 기술자라는 개념이 더 강했던 것이다.

　그런데 18세기 후반에서 19세기 초반에 접어들면서 변화의 바람이 불기 시작했다. 그러한 변화의 바람은 예술 외부에서 시작되었다. 18세기 중반 영국에서 산업혁명이 일어났다. 산업혁명은 물건을 생산하는데 있어서 기계가 사람을 대신하게 되었다는 것을 의미하며, 기계가 설치된 공장이 세워지고 그곳에서 대량생산이 가능하게 되었음을 의미한다.

　대량생산이 가능해지자 과거 예술가의 주요 역할 중 하나였던 숙련된 기술을 가지고 무엇을 만들어 내는 일은 사람 대신 기계가 담당하게 되었다. 예를 들자면, 접시나 그릇과 같은 제품은 도공의 힘을 빌릴 필요 없이 공장에서 짧은 시간 안에 많은 수량을 제작할 수 있게 되었다.

게다가 19세기 초 카메라의 발명은 자연의 모습을 정교하게 있는 그대로 재현할 수 있게 해 주었고, 그러한 역할을 해 오던 회화가 할 수 있는 영역에 대해 다시 생각하게 만들었다. 예술이 자연을 모방 혹은 재현한다는 것과는 다른 아이디어가 필요한 시대에 접어든 것이다.

한편, 예술계 내에서는 이른바 낭만주의가 새로운 변화를 몰고 왔다. 르네상스 시대의 사람들은 예술이 자연의 외적인 면을 관찰하고 재현한다는 점에서 과학과 유사한 것으로 여겼지만, 이제 과학의 비약적인 발전은 자연에 대해 예술이 보여 줄 것이 별로 없게 만들었다. 또한 칸트의 철학은 우리가 경험하는 자연 세계는 과학적 탐구를 통해 완벽한 지식에 도달할 수 있지만, 그러한 자연 세계 너머에 있다고 여겨지는 본질적인 세계는 과학이나 이성적 탐구를 통해서 알 수 없다고 주장했다.

이러한 흐름은 다분히 예술에도 영향을 미치게 되어 과학이 가장 잘 다룰 수 있는 자연 세계는 과학의 몫으로 놓아두고 예술가들은 과학이 다룰 수 없는 세계를 다루어야 한다는 생각이 낭만주의적 경향과 연결되었다. 그들의 생각에 과학이 다룰 수 없는 세계는 다름 아닌 인간의 내적인 세계였으며, 그곳에서 감정과 정서의 자유로운 모험이 가능하다는 것을 발견하였다. 과학은 객관성을 생명으로 하지만, 감정과 정서의 내면세계는 주관적인 것이며 예술가 각각의 관점에서 느끼는 바가 더 중요한 것이었다. 이제 예술가들은 눈으로 관찰한 세계를 화폭에 충실히 모방해 내거나 재현해 내는 일에 집착할 필요성을 더 이상 느끼지 않게 된 것이다.

이러한 두 흐름이 가져다준 영향 중의 하나는 예술을 기술이나 기교의 맥락에서 바라보는 것에 대한 반성이었다. 정교함과 더불어 대량생산이 가능한 기계를 테크네의 측면에서 최고의 경지를 지닌 예술가가 따라가는 것은 불가능한 일이었다. 하지만 오히려 천편일률적인 제품을 생산하는 기계와 차별화되는 예술가의 손길은 시간이 흐를수록 더 가치 있는 것이 되었다. 즉 드디어 예술가에 있어서 창의성과 개성을 표현하는 것이 매우 중요하다는 아이디어가 생겨나게 되었다. 그리고 이러한 생각은 전통적인 예술 형식 중 기술적이거나 응용적인 측면이 별로 중요하지 않은 분야를 특화하여 순수예술(fine arts)이라는 이름으로 거듭나게 하였다.

또 다른 주요 영향은 예술은 예술가의 주관적인 내면적 정서를 표출해 내는 것이라는 예술에 대한 새로운 규정이다. 19세기 말부터 20세기를 통하여 많은 미술의 조류들이 눈앞에 보이는 대상을 누가 보아도 그럴듯하게 재현하는 대신 강렬한 색채를 사용한다든지 형태를 일그러뜨린다든지 선과 면으로 단순화한다든지 하는 방식으로 화가의 주관적 표현을 중시하는 경향을 보였다.

이처럼 예술가들에게 개인적인 내면의 감정이나 정서가 작품의 창작활동에 중요한 요소로 자리하게 되면서 적어도 순수예술이 기술과 동의어로 사용되던 시대는 지났다. 예술가는 이제 자신의 주관적인 내적 체험을 개성적인 방식으로 표현해 내야 한다. 화가는 물론 손재주도 있고 모방하는 능력도 뛰어나야 하겠지만 그것만으로는 충분치 않다. 자로 잰 듯 인체를 관찰하고 그 모습을 캔버스에 충실히 옮기려 했던 르네상스 화가들과는 다른 덕목이 요구되었기 때문이다.

이제 예술가들은 실험에서의 오차에 집착하는 엄밀성을 요구받는 과학자와는 다른 이미지를 가지게 되었다. 눈에 보이거나 눈으로 볼 수 있는 것을 그리는 것이 아니라 눈으로 볼 수 없는 감정의 표현이 더 중요해졌기 때문이다. 따라서 정상적인 상태에서 맨눈에 보이는 대상과는 달리 술에 취한 상태에 나의 마음에 나타나는 세상은 더 매력적인 대상이 될 수 있을 것이다.

고흐의 많은 작품들은 강렬한 황색 계열의 색채감을 띠고 있는데, 오늘날 많은 연구자들이 그러한 경향성의 원인을 고흐의 약물중독에서 찾고 있다. 어떤 사람들은 마약을 한 환각상태에서 뚜렷하게 나타난 색채를 그린 것이라고 하고, 어떤 사람들은 압생트라는 알코올 음료를 많이 마신 고흐가 그 안에 함유된 특정 물질의 영향으로 황색을 주로 그리게 되었을 것이라고 추정한다.

무엇이 맞는 얘기인지는 알 수 없으나 고흐가 정상인처럼 평범한 삶을 살지 않은 것은 분명하며, 그렇게 다양한 일탈적인 삶의 궤적을 통해 정상적인 사람들의 내면에서는 찾을 수 없는 정서적 상태를 경험했다는 것을 쉽게 추측할 수 있을 것이다. 그러한 자신의 주관적 경험을 화폭에 표현한 것이 〈별이 빛나는 밤〉이나 〈해바라기〉와 같은 걸작으로 역사에 남겨져 있는 것이다.

이처럼 오늘날 우리가 예술가에 대해 가지고 있는 이미지는 상당 부분 낭만주의의 영향으로 볼 수 있다. 화가가 되었건, 시인이 되었건, 작곡가가 되었건 우리는 예술가들이 자신의 내면적 감정과 정서적으로 교감하려고 노력하는 사람들이며, 그들이 그런 일을 훌륭하게 해내기 위해 보통 사람들이 삶을 살아가는 틀에 얽매이지 않은 자유로운 영혼을 가진 사람들이라고 생각하곤 한다.

술에 의존적이었던 데다 신경쇠약적이기조차 했던 폴락의 영혼 역시 사람들이 만들어 놓은 틀을 벗어난 사례라고 볼 수 있다. 영화의 에피소드들이 보여 주듯이 그는 자신의 삶 자체에서 그랬을 뿐 아니라,

자신의 내면세계를 표현해 낸 회화작품에 있어서도 기존의 회화의 전통에서 만들어졌던 틀을 과감하게 벗어난 화가였다.

이젤 위에 세워 놓은 캔버스에 붓의 터치를 이용하여 그림을 그리는 전통적인 서양 회화의 틀에서 벗어나 대형 캔버스를 바닥에 놓고 붓 대신 막대기를 이용해 물감을 뿌리거나 페인트 통을 손에 들고 부어 가면서 작품을 만드는 그의 방식에는 액션 페인팅이라는 이름이 붙여졌다. 영화가 보여 주듯이 그의 작업은 캔버스 위에서 작업용 신발을 신고 역동적으로 이리저리 걸어 다니면서 온몸으로 그려 내는 것이다.

영화의 앞부분에서 술에 취한 폴락이 자신의 형에게 세계 최고의 드러머가 누구냐고 묻고는 스스로 진 크루파라고 답한다. 진 크루파는 스윙재즈 시대의 드러머로 드럼 악기 세팅이나 연주 기법에서 혁신적인 시도를 한 인물이다. 그는 베니 굿맨 악단의 드러머로 활동하면서 녹음한 〈Sing, Sing, Sing〉의 솔로 즉흥연주로 가장 많이 알려졌고 사랑을 받았다. 도입부에서부터 그의 드럼으로 시작되는 이 곡은 특히 마지막 부분의 격정적인 드럼 즉흥연주로 유명하다. 꽉 막힌 틀에서 벗어나고픈 격정을 느끼게 해 주는 이 즉흥연주 부분의 일탈충동이 폴락의 자유로운 영혼과 잘 어울렸으리라는 생각을 해 본다.

이 영화를 감상하고 나서 나는 이젤과 붓을 사용하는 형식적인 틀에서 벗어나 즉흥적으로 작업을 해 나가는 폴락의 액션 페인팅이 재즈의 즉흥성과 닮았다는 생각이 들었다. 재즈 역시 서양 음악사에서 작곡가와 연주가의 구분을 허물어뜨렸을 뿐 아니라 전통적인 화성체계의 틀을 넘어서려는 시도를 하였다. 뮤지션의 내적 감성을 외부로 표출해 내는 과정에서 음악의 형식적인 틀에 도전했다는 점에서, 그

리고 폴락의 추상 표현주의가 미술계에서 그랬던 것처럼 미국에서 시
작되어 전 세계에 영향을 미친 최초의 음악 장르라는 점에서도 그런
닮음 꼴을 곰곰이 생각해 보게 한다. ◕

노벰버 (November, 2003), 아체로 마냐스 감독

1917년 미국의 독립 예술가 협회의 전시회에 출품된 작품이 하나 있었다. 마르셀 뒤샹이 보낸 〈샘〉이라는 작품이었다. 하지만 그것은 남자 화장실에서 흔히 볼 수 있는 소변기였다. 변기를 미술 전시회에 출품하다니, 당시 〈샘〉이 미술계에 가져다준 충격은 90년이 지난 지금 생각해도 매우 큰 것이었음이 분명하다. 이 작품을 놓고 미술가와 비평가들은 예술인지 아닌지를 놓고 논쟁을 벌였음은 물론이다.

오늘날 뒤샹의 변기는 대량생산된 제품들이 지배하는 세상에서 뒤샹 이전

의 모든 예술에 대한 조롱을 함축하는 하나의 예술사적 사건으로 평가되고 있다. 뒤샹은 시장에서 구입한 변기 위에 '샘'이라는 글자를 적어 넣음으로써 더 이상 예술은 자연을 모방하거나 예술가의 정서를 표현하는 것이라는 이야기가 있는 그대로 통하지 않는 세상의 시작을 알렸다.

스페인 영화 〈노벰버〉는 뒤샹의 변기와 같은 새로움을 추구하는 젊은 연극 지망생의 이야기를 친구들의 회고담 형식으로 구성해 내고 있다. 이 영화는 아직 젊기 때문에 예술에 대한 혁명적인 아이디어를 실행에 옮기고자 했던 연극인들의 시도, 그리고 뭐든 대중적 관심의 대상이 되기만 하면—그것이 예술이라 할지라도— 상품화되어 버리는 우리 시대에 예술의 기능과 역할에 대해 하나의 질문을 던지고 있다.

-9-

참을 수 없는 대중문화의 가벼움?

라디오 스타
(2006)
이준익 감독

통기타와 청바지가 청년문화의 상징처럼 여겨지던 때가 있었다. 요즘
도 젊은이들은 청바지를 즐겨 입지만, 통기타는 자주 눈에 띄지 않는
다. 대신 음악은 MP3 파일을 통해 유통되고 소비된다. 한때를 풍미했
던 통기타 가수들이 대중음악의 주변부로 밀려난 지 오래다. 그래서
요즘의 10대들에게 (1980년대에) 꽤나 유명했던 가수들의 이름을 묻
는 것은 외국어로 영어만 배워 온 학생들에게 독일어 단어에 대해 질
문하는 것만큼이나 생소한 일일지도 모른다.

　하지만 클래식 음악에 조예가 깊지 않은 젊은이들에게 베토벤이 누
군지 아느냐고 묻는다면 대부분은 그가 누구인지 안다고 말할 것이
며, 그가 작곡한 〈교향곡 제5번〉의 앞 소절을 들려주고 들어 본 적이 있
느냐고 묻는다면 역시 대부분은 들어 본 적이 있다고 대답할 것이다.

베토벤은 한국인도 아니고 우리와 동시대인도 아니다. 그런데 어떻게 해서 20년 전에 한국에서 유명했던 가수들이 200년 전 유럽에서 활동했던 작곡가의 이름보다 더 낯설게 느껴지는 것일까?

아마도 그에 대한 답은 음악이라고 해서 다 같은 음악은 아니라는 말로 대신할 수 있을 것이다. 둘 다 음악이라고는 하지만 하나는 대중음악이라 부르며, 다른 하나는 고전음악이라고 부른다. 두 종류의 음악의 차이를 말하라면, 대중음악이야 노래방에서 쉽게 따라 부르며 즐길 수 있는 음악이고 고전음악은 즐기기 위해서는 얼마간의 학습이나 훈련이 필요한 음악이라고 할 것이다. 그러다 보니 쉬운 대중음악은 많은 사람들에게 반짝 인기를 얻다가 잊히기 마련이고, 고전음악은 상대적으로 소수의 사람들이 즐기지만 오랜 생명력을 갖는다고들 한다. 베토벤의 음악이 그런 고전음악의 정수 중의 정수이니 누구에게나 그 이름이 귀에 익은 것은 당연한 것이 아닐까?

이러한 상식적인 답변이 틀린 것은 결코 아니겠지만, 좀 더 진지하게 이 문제에 접근해 온 철학자들은 대중음악과 고전음악이 음악이라는 예술적 성격에 의해서뿐만이 아니라 본질적으로도 다른 종류라고 주장한다. 먼저 대중음악의 발생 배경에 주목해 보자. 대중문화는 서양의 여러 국가들이 산업사회로 접어들면서 생겨난 것이다. 산업화 이전에 사람들은 물건을 손으로 만들었다. 그러다 기계가 발명되면서 물건은 공장에서 대량생산이 가능해졌다. 이것이 산업혁명이며, 그 결과 대중사회가 출현했다.

대중사회는 대량생산과 대량소비가 일어나는 사회이며, 그 부산물의 하나가 바로 대중문화인 것이다. 따라서 대중문화가 생겨난 시점은 산업혁명 이후며, 베토벤이 살던 시대에 대중음악 같은 것은 존재하지 않았다. 어차피 베토벤의 시대에는 '많은 사람'이라는 뜻을 지닌 대중이란 존재하지 않았으며 음악과 같은 예술은 소수의 특권층을 위한 것이었다.

하지만 대중사회의 부산물인 대중문화는 본질적으로 대량생산과 대량소비의 메카니즘과 동떨어져서 생각할 수 없다. 일단 대량소비의 주체인 '많은 사람'으로 이루어진 시장이 존재해야 하며, 그 '많은 사람'의 구매욕을 충족시켜 줄 만한 상품이 필요하다. 대중음악은 따라서 일종의 상품으로서 시장에 등장한 것이다.

인류 역사를 통해 예술이라고 불려 온 것은 시장의 필요성에 의해 생겨난 것이 아니다. 하지만 시장과 유리된 대중음악을 생각할 수 없다고 할 때, 많은 철학자들이 대중음악은 고전적 의미의 예술로 볼 수 없다는 생각을 지니게 되었다. 대중음악은 그것이 지닌 미적 가치보다 시장에서 얼마나 수요가 많은가에 의해서 그 중요성이 결정된다. 그래서 어떤 가수가 신곡을 발표하면, 그 곡의 성공여부는 시장에서의 음반판매량에 달렸다.

한 가수의 음악은 그것이 얼마나 많이 팔렸는가에 따라 순위가 매겨지기도 하고, 연말에 가수왕이나 가요대상과 같은 시상의 대상이 되기도 한다. 물론 이 모든 것을 결정하는 주체는 소비자인 대중이다. 따라서 미학적 관심보다는 대중의 취향에 부합하는 음악을 만드는 것이 매우 중요하다. 문제는 그 취향이라는 것이 그리 오래 지속되지 않는다는 데 있다. 결국 한 시절을 풍미하던 통기타 가수는 이제는 잊힌 이름일 수밖에 없고, 오늘날은 20년 전에 비해 대중음악의 유통기한이 점점 더 짧아져서 반짝 인기몰이를 하고 쓸쓸히 사라지는 스타 아닌 스타들의 수도 적지 않다.

라디오 스타 (2006)

　영화 〈라디오 스타〉의 주인공 최곤(박중훈)은 이제는 대중의 기억
에서 사라진 스타다. 한때는 오빠부대를 이끌고 다닐 정도로 대단한
인기를 누렸지만 무릇 인기란 뜬구름과 같은 것, 이제는 마약이라도
하고 뉴스에 나와야 사람들 입에 오르내릴까 말까 한 존재다. 라이브
카페에서 통기타에 맞추어 노래를 하지만, 20년 전 가수왕의 영광에

눈높이가 고정된 그에게 그런 삶이 만족스러울 리가 없다.

다행히도 최곤에게는 형처럼 친근한 매니저가 있다. 미약하나마 일자리를 알아봐 주는 것은 물론이고, 그가 원할 때면 언제나 그의 입에 담배를 물려 주고, 도박 빚부터 폭행사건에 이르기까지 그가 저지르는 온갖 사고를 말끔히 처리해 주는 매니저 박민수(안성기)는 최곤의 수족과 같은 존재다. 최곤이 무명시절부터 동고동락했던 민수는 이제는 돈 안 되는 무명가수의 개인비서일 뿐, 최곤이 가수로서 콘서트를 열거나 음반을 내도록 해 줄 수가 없다. 민수가 할 수 있는 일이라곤 오래 전부터 친분을 유지해 온 라디오 방송의 국장에게 부탁해서 지방 방송국에 DJ 자리를 하나 얻어 내는 것 정도다.

이처럼 대중음악에서 인기 있고 없음은 대중의 관심과 얼마나 가까운가에 의해 결정된다. 일반인도 마약으로 단속되면 텔레비전 뉴스에 나오는 마당에 가수가 마약을 해야 뉴스거리가 될 정도라면 그의 가수로서의 생명력은 다한 것이나 마찬가지인 셈이다.

그렇다면 대중의 관심 있음, 즉 인기라는 것은 도대체 무엇을 의미하는 것일까? 아도르노(Theodor W. Adorno)와 호르크하이머(Max Horkheimer)는 그것이 계량화되고 수치화될 수 있는 특징을 지녔다고 보았다. 가수라면 당연히 그의 음반이 얼마나 팔렸는가를 계산해 낼 수 있고, 이는 곧 돈으로 환산이 가능하다. 또 그 가수의 신곡이 방송사의 가요순위에서 몇 위를 했으며, 순위 차트에 얼마나 오래 머물렀는가를 수치화할 수 있다. 마치 프로야구에서 어떤 타자의 타율이 얼마고 타격순위나 홈런순위가 몇 위인가를 수치화하여 그가 얼마나 훌륭한 선수인지를 따지는 것처럼 말이다.

하지만 이렇게 계량화하고 수치화하여 무엇을 평가하는 습성은 원래 사람이나 예술작품이 아니라 상품에나 적용되는 것이다. 예를 들어, 어떤 기업이 얼마나 장사를 잘하고 있는가는 철저하게 수치화하여 나타낼 수 있다. 작년 이 회사 실적이 어땠는가, 총매출액은 얼마고, 영업이익은 얼마며, 순이익은 얼마인지, 또 주가는 얼마며, 자기자본과 부채비율은 각각 어느 정도인지에 대한 정보를 전부 숫자로 나타낼 수 있으며, 사람들은 이 수치를 분석해서 회사의 가치를 평가하게 된다.

우리나라를 대표하는 기업 중의 하나인 삼성전자의 경우를 보자. 이 기업의 2007년 매출액은 약 63조원, 순이익은 7조 4천억에 달했다. 그 해 우리나라 정부 예산이 약 239조원인 것을 감안하면 삼성전자라는 회사가 전자제품을 만들어 국내외에 팔아 치우는 규모가 어느 정도인지 대충 짐작할 수 있을 것이다. 국제 금융위기가 닥친 2008년, 주식 시장이 막을 내린 12월 30일 현재 삼성전자의 주가는 전일 대비 0.66% 포인트 하락했으며, 언론에서는 삼성전자의 주가가 연초 대비 17% 하락했지만, 코스피 대비 23% 상회했고 경쟁사에 비해서도 강세를 보였다는 식의 수치를 인용한 보도를 했다.

이처럼 수치화하고 계량화하여 이익과 손실을 계산하는 것은 이성적인 동물인 인간만이 할 수 있는 능력이다. 그래서 한편으로는 위대하기도 하지만, 아도르노와 호르크하이머는 수치화하고 계량화하는 능력은 이성의 단편적인 기능만을 극대화한 것에 지나지 않는다고 보았다. 그들은 그것을 도구적 이성이라고 불렀으며, 그것이 이성의 모든 것을 보여 주는 것은 아니라고 보았다.

아도르노와 호르크하이머가 도구적 이성을 그리 좋게 보지 않은 이유는 도구적 이성은 이성을 그저 수단으로 여기게 하기 때문이다. 그들은 이성의 도구적 측면이 인간의 경제활동에 적용되는 점에 대해서도 비판적인 시각을 지녔지만, 특히 대중예술과 관련된 여러 영역에 적용되는 것에 대해서 매우 비판적인 입장을 보였다. 그들은 대중예술이 예술이라고 하기에는 너무 산업화 되었다고 보았으며, 그러한 근거를 대중예술이 수치화하고 계량화하는 기업의 특징을 닮았다는 점에서 찾았다. 대중예술은 예술작품을 만들어 내는 것이 아니라 상품을 생산해 내는 문화산업일 뿐이라는 것이 이들 철학자의 생각이다.

어떤 가수의 음반이 몇 장이나 팔렸는지를 순위 매기는 것은 연간 매출액에 의해 기업의 순위를 매기는 것과 별반 다를 바가 없다는 점에서 아도르노와 호르크하이머의 생각은 적중한다. 음반 판매량에 따라 가수의 가치가, 즉 인기의 있고 없음이 결정된다는 점에서 은연중에 가수는 인격을 지닌 사람이 아니라 사고파는 상품으로 인식된다. 물론 잘 나가는 가수에 열광하는 팬들에게야 그들의 우상이 상품일리 없지만, 적어도 그 가수를 관리하는 매니저와 기획사의 입장에서 그 가수의 가치는 상품성에 의해 결정된다.

아마도 영화 〈라디오 스타〉에 나오는 우리의 친절한 매니저 박민수는 도구적 이성이 덜 발달한 인간인지도 모르겠다. 아니면 알면서도 대책이 없는, 또는 능력이 없는 한물간 매니저일지도 모르겠다. 매니저에게 이끌리다시피 영월로 내려간 최곤은 자신이 노래를 하지 않고 DJ를 하는 것을 가수왕의 굴욕으로 여긴다. 하지만 그곳의 라디오 지국에서 청취자들의 마음을 훈훈하게 해 주는 파격적인 방송 진행으로 인기를 얻게 되자 몇 달 만에 서울에서 그를 데려가려고 관심을 보이는 사람이 하나 둘 생기게 된다.

그 중 한 사람이 애초에 영월에 일자리를 알아봐 준 라디오 국장이다. 그는 방송국 국장실에 앉아서 다른 기업의 중역들처럼 그가 지닌 도구적 이성의 힘으로 숫자와 씨름하고 있다. 방송인 임백천이 진행하는 음악 프로그램의 청취율이 바닥을 기게 되자 비상이 걸렸다. 국장이 몸담고 있는 회사가 판매하는 상품의 매출액이 급감한 셈이다. 이제 국장에게는 매출액을 끌어올릴 신제품이 필요한 시점이다. 결국 그는 영월뿐 아니라 단시간 안에 인터넷 다시듣기 기능으로 전국의 청취자를 확보하게 된 DJ 최곤을 불러들여야 방송국이 산다는 경영적 판단을 내린다. 물론 그것은 호형호제하던 임백천과의 의절을 대가로 한 것이다. 하지만 문화산업에서는 의리보다는 상품성에 의해 사람을 판단하는 법이 유일한 살 길이다.

최곤에게 관심을 보이는 또 한 사람은 국장보다는 훨씬 더 비즈니스 마인드가 뛰어난 사람이다. 음반시장에 70-80 세대에 대한 수요가 있으며, 지금이 최곤을 팔 수 있는 마지막 기회라고 심각하게 한마디 던지는 기획사 스타 팩토리의 사장이 바로 그 인물이다. 그는 마치 무능한 비즈니스맨은 상품을 팔 자격이 없다는 암시를 주면서 민수에게 최곤한테서 손을 떼라고 종용한다.

민수는 이제 자신이 최곤을 상품화 하는 데 걸림돌이 될 뿐이라는 것을 깨닫고 최곤의 곁을 떠나기로 결정한다. 이제 남은 것은 최곤의 선택이다. 손만 내밀면 콘서트도 열어 주고 음반도 내 줄 자본으로 무장한 기획사가 기다리고 있다. 구태여 아도르노와 호르크하이머의 이론을 들먹이지 않아도 이런 상황에서 손을 내밀지 않기가 어렵다는 것은 쉽게 알 수 있다.

하지만 영화는 현실이 그러니 현실을 인정하고 거기에 맞추어서 살라는 메시지를 전달하는 것처럼 보이지는 않는다. 오히려 산업화가 가져다준 그림자에 대해 따뜻한 시선을 가질 것을 주문한다. 이를테면, 박민수를 가내수공업적인 매니저라고 한다면 연예기획사 스타 팩토리는 첨단 기계로 자동화된 거대 공장의 매니저에 비유할 수 있다. 가내수공업이 기계화된 공장을 쫓아가는 것은 불가능하겠지만, 그렇다고 산업화, 공업화된 것이 모든 면에서 다 좋은 것이라고 말할 수는 없을 것이다.

우리는 산업화를 통해서 많은 것을 얻었지만, 또 동시에 너무 소중한 것들을 잃었는지도 모른다. 스타 팩토리 같은 연예기획사에서 만들어 내는 문화상품들은 많은 젊은이들에게 기쁨과 즐거움을 주겠지만, 그것은 돈으로 환산할 수 없는 소중한 인간미를 대가로 한 것인지도 모른다. 영화 속 박민수의 표정과 말투, 행동은 옆집 아저씨 같은 편안함을 주는 정감 있는 것인 반면, 스타 팩토리 사장의 외모와 언행은 마치 피 한 방울 흐르지 않는 사이보그를 보고 있는 듯한 착각을 불러일으킬 정도다.

산업화의 그늘에 가려 모든 것이 수치화되고 계산되어 돈으로 환산되는 이 각박한 삶에서 소박하고 사소한 일상이라도 뭔가 따뜻한 숨결을 느낄 수 있다면 미친 척하고, 손해 좀 보는 셈치고 그 따뜻한 숨결을 느껴보는 것이 어떻겠느냐고 영화는 조심스럽게 관객에게 말문을 열고 있다.

청취자의 입장에서는 라디오가 목소리를 내보내는 사람이 보이지도 않고, 그 사람의 숨결도 느껴지지 않는 차가운 문화산업의 한 축이다. 그런데 놀랍게도 〈라디오 스타〉의 라디오는 참을 수 없는 그 차가움을 따뜻하게 만들어 주는 마술을 선보인다. 〈라디오 스타〉의 라디오는 일방적인 메시지를 전달하는 단절된 매체가 아니라 집 나온 다방종업원이 엄마에게 안부 인사를 묻고, 마음 약한 총각이 짝사랑하는 여인에게 고백을 가능하게 해 주는 통로이며, 집 나간 아빠나 매니저를 찾는 아이와 가수의 목소리를 전달해 주는 소통의 장이다.

요즘엔 '보이는 라디오'라는 것도 있기는 하지만, 현실 속의 라디오가 그렇게 할 수 있는지는 물론 미지수다. 아도르노와 호르크하이머는 그런 일이 일어난다 하더라도 문화산업은 근본적으로 자본주의 체제에서 자본의 논리로부터 결코 자유로워질 수 없어서 자율적인 형태의 진정한 예술이 될 수 없다고 한다. 즉 문화산업의 생산자와 소비자 모두 도구적 이성에 의해 수단으로 다루어질 수밖에 없고, 이는 속박된 삶이나 다름없으며 결코 그로부터 벗어날 수 없다는 것이다.

아도르노와 호르크하이머의 통찰은 분명히 어느 정도 일리가 있다. 하지만 그들의 생각이 과연 전부 옳은 것이었는지에 대해서는 좀 더 신중한 분석이 필요할 것 같다. 여러 형태의 예술 중에서도 특히 음악에 지대한 관심을 지니고 있었던 아도르노는 음악에 있어서의 진정한 예술가들은 언제나 자신이 속한 전통의 맥락 안에서 과거의 것을 뛰어넘는 창조성을 발휘해 왔다고 한다. 과거에 베토벤이 그렇고 20세기에는 쇤베르크가 그렇다고 한다.

반면 20세기에 미국에서 생겨난 음악 장르인 재즈의 경우는 일반적인 평가와는 달리 속박적인 문화산업의 한 예일 뿐 해방적 비전을 보여 주는 진정한 예술로 볼 수 없다고 한다. 보통 재즈는 아프리카 고유의 음계를 서양음악의 패턴에 맞게 변형시킨 특징을 가지고 있는 데다 악보에 있는 대로 연주하는 것이 아니라 주어진 멜로디 패턴을 연주자가 마음대로 변형해 가는 즉흥연주를 생명으로 하기 때문에 여느 대중음악과는 다른 차별성을 지닌다. 훌륭한 재즈 뮤지션에게는 연주자로서의 개성뿐 아니라 하나의 음악적 주제를 언제나 새롭게 변주해

낼 수 있는 작곡가적 독창성이 요구되기 때문이다.

어쩌면 재즈의 이러한 특징은 아도르노가 진정한 예술가에게 필요한 덕목으로 이야기한 자율성을 의미하는 것인지도 모른다. 그러나 아도르노는 오히려 재즈는 다른 대중음악과 마찬가지로 타율적이며, 미학적으로 단조로운 반복을 벗어나지 못한다고 혹평하고 있다. 노예로 붙잡혀 와 강제노동을 해야 했던 미국의 재능 있는 흑인들을 이용하여 그들의 음악을 대중에게 팔아먹는 문화산업의 구조가 재즈라고 해서 예외가 될 수는 없다는 것 또한 아도르노가 재즈를 진정한 예술로 인정하지 않는 이유이기도 하다.

장영주나 장한나와 같이 세계를 무대로 활동하는 클래식 연주자에게도 공연과 음반 관련 일을 매니지먼트 해 주는 에이전트가 있는 오늘날, 가요가 되었건 재즈가 되었건 음반 산업의 영향력으로부터 자유로울 수는 없을 것이다. 하지만 이제 100년 가까운 역사를 지니게 된 재즈의 경우 아도르노의 평가가 정당한 것인지 곰곰이 살펴볼 필요가 있다.

물론 재즈의 발생 초기는 녹음기술의 발전으로 음반 산업이 본격적으로 대중화되기 시작한 시기다. 재능 있는 흑인 재즈 뮤지션들을 대도시로 불러들여 백인들을 상대로 클럽에서 연주하게 하거나 음반을 만들어 널리 판매하는 것은 흑인의 입장에서 그리 자율적이라고 할 수도 없고, 자본으로부터 자유로운 예술을 했다고 보기도 어렵다. 하지만 1940년대 비밥이라는 재즈의 새로운 장르가 탄생한 것을 보면 재즈는 대중적이라기보다는 상대적으로 소수의 사람들에 의해 사랑받은 음악이라고 할 수 있으며, 오늘날까지도 그런 경향이 유지되고 있다.

특히 일군의 재즈 뮤지션들에 의해 스윙에서 비밥이 탄생한 맥락은 아도르노가 말한 음악사의 전통을 배경으로 과거의 것을 뛰어넘는 창조성을 발휘한 사례로 볼 수도 있다. 어떻게 보면 비밥의 탄생은 노예적 억압이 아니라 진정한 자율성의 발휘였고, 좀 더 많은 사람들에게 어필했던 그래서 백인 취향이었던 스윙 재즈에서 좀 더 소수의 사람들에게 어필하는 양식적 진화를 이루었다는 점에서 아도르노가 말하는 대중음악의 공식에도 들어맞지 않는다.

굳이 재즈를 예로 들지 않아도 록음악에도 그런 양식적 진보는 늘 있어 왔고, 또 상당수의 록 뮤지션들이 인디밴드에서 시작한다는 사실에 비추어 볼 때, 아도르노의 진단이 큰 그림에서는 어느 정도 일리가 있지만 대중음악 전부를 설명하기에는 무리가 있어 보인다. 오히려 그런 측면에서는 한때 아도르노와 같은 프랑크푸르트 학파와 교류했던 벤야민(Walter Benjamin)의 입장이 더 설득력 있게 느껴진다.

벤야민은 생산양식의 변화에 따라 예술양식도 변화해 왔다고 주장한다. 특히 과거의 전통적인 예술작품의 특징은 유일성을 갖는 것이라고 하면서, 특정 예술작품을 감상하기 위해서는 그 예술품이 있는 곳에 직접 가야 하는 시공간적 제약이 존재했다고 한다. 그것은 하나의 예술작품이 지닌 원본으로의 권위와 같은 것으로서 모든 사람이 다빈치의 〈모나리자〉의 진품을 봤을 때의 가치만 인정하고, 모조품을 본 것에 대해서는 큰 의미를 부여하지 않는 상황을 통해서 확인할 수 있다.

그래서 시스티나 성당의 천장벽화를 감상하기 위해서는 바티칸으로 직접 가야만 했고, 베토벤의 〈교향곡 제5번〉을 듣기 위해서는 직접 공연장을 찾아 오케스트라의 연주를 눈앞에서 감상해야 했다. 벤야민은 그러한 예술작품의 성격을 아우라(Aura)라고 불렀다. 그런데 산업

사회가 되어 공장에서의 대량생산이 가능해지면서 그런 유일성이나 원본이 지니는 권위는 사라지게 되었다는 것이 벤야민이 제시한 아이디어의 핵심이다.

기계적인 복제가 가능해진 이상 우리는 더 이상 〈모나리자〉를 감상하기 위해 루브르 박물관까지 여행할 필요가 없어졌다. 물론 여전히 진품을 감상하는 것이 우대되기는 하지만, 아예 진품과 모조품의 구분이 모호해지는 상황이 예술에서 나타나고 있다. 대표적인 것이 음반과 같이 대량생산이 가능한 기록매체의 출현이다. 물론 베토벤의 교향곡을 감상하기 위해 공연장을 찾는 것은 미리 녹음된 음반을 듣는 것보다 훨씬 더 직접적인 예술적 체험을 줄 수도 있겠지만, 설사 공연장을 가지 않고 음반이나 텔레비전을 통해서 실황공연을 보는 것만으로도 우리는 충분히 베토벤의 작품을 감상했다고 말할 수 있다.

하물며 대중음악의 대부분은 음반을 통해서 유통되며, 최근에 와서는 무한히 복제가 가능한 파일의 형태로 음악이 유통되는 상황에 이르렀다. 무엇이 그 음악의 원본인지를 따지는 것은 이제 무의미해졌다. 벤야민의 생각대로 적어도 대중예술에서 아우라는 사라졌다. 영화나 대중음악처럼 산업사회에서는 새로운 생산양식에 따라 새로운 양식의 예술이 생겨나게 되며, 그것이 아도르노의 진단처럼 그리 부정적인 것만은 아니라고 한다.

오히려 아우라가 사라진 예술작품은 과거와 달리 보다 많은 사람들이 접근할 수 있게 되었다. 벤야민은 예술이 소수 계층의 전유물이었던 시대와 달리 누구에게나 접근 가능한 것은 그만큼 더 많은 사람들에게 예술적 기회가 주어지는 것이라고 한다.

이런 예는 닉 혼비의 소설을 영화화한 〈하이 피델리티〉(〈사랑도 리

하이 피델리티 (사랑도 리콜이 되나요; High Fidelity, 2000)

콜이 되나요〉로 출시)에서 여실히 드러난다. 중고 레코드 가게를 운영
하는 한 젊은이의 연애담을 그린 이 영화에서 주인공 롭과 그가 운영하
는 가게의 점원인 딕, 그리고 배리가 지니고 있는 대중음악에 대한 관
점은 매우 뚜렷하다. 그들은 수없이 쏟아져 나오는 음반들 중에서 어떤
것들이 다른 것보다 더 들을 가치가 있으며, 어떤 밴드는 누구의 영향
을 받아 음악적으로 발전해 왔는지에 대해 꿰고 있는 마니아들이다.

대단한 돈을 버는 일은 아니지만 여전히 음악에 대한 열정으로 독
립 음반을 제작하는 꿈을 실현하는 이들에게서 자본의 논리를 애써
무시하는 낭만적인 젊은이들의 순진한 모습만을 볼 것인지, 아니면
대중음악이 많은 사람들에게 꿈과 열정을 주는 어떤 것일 수도 있다

는 밝은 면도 같이 볼 것인지는 분명 감상자의 몫일 것이다.

〈라디오 스타〉에 나오는 영월의 록밴드 이스트리버의 모습도 크게 다르지 않다. 그들은 지방에서 자라면서 직접 유명 밴드를 만나 볼 기회가 없었지만, 그들의 음반을 통해 록음악을 하겠다는 꿈을 키우고 그것을 실현하기 위해 동분서주한다. 영화 내내 좌충우돌하며 최곤에 대한 무한한 지지를 보내던 그들은 영화 마지막 부분에 트럭을 타고 어디론가 떠난다.

무심코 지나칠 수 있는 장면이지만, 집 나온 다방 종업원은 최곤을 위해 열심히 자장면을 배달하던 중국음식점 종업원과 맺어졌고, 꽃집 총각은 은행원과 맺어졌고, 집 나간 아빠는 아들에게로 돌아왔다. 그리고 가수를 떠나 김밥을 팔던 매니저도 우산을 들고 영월로 돌아왔다. 그 장면들 사이에 잠깐 등장하는 이스트리버의 트럭, 과연 그들은 어디로 갔을까? ☞

>> 더 볼 영화

라운드 미드나잇 ('Round Midnight, 1986), 베르트랑 타베르니에 감독

재즈의 시인이라는 별명이 어울릴 것같은 뮤지션 델로니어스 몽크의 작품 중에 〈라운드 미드나잇〉이라는 곡이 있다. 재즈의 스탠더드 곡으로 많은 연주자들에 의해 연주되고, 또 노랫말과 더불어 보컬곡으로도 불리어지는 이 곡을 제목으로 한 영화 〈라운드 미드나잇〉은 비밥이라는 장르로 재즈의 양식적 혁신을 가져온 주역 중의 하나인 피아니스트 버드 파월을 모델로 한 영화라고 한다.

1950년대 파리를 배경으로 한 영화의 주인공 데일은 한때 유명했으나 잊혀

참을 수 없는 대중문화의 가벼움?

157

가는 색소폰 주자다. 새로운 시도를 위해 미국에서 프랑스로 건너가 파리의 클럽에서 연주하지만 늘 술이 문제다. 그런 그에게 파리지앵 친구가 한 명 생기는데 그래픽 디자이너인 그의 이름은 프란시스다. 데일의 연주를 듣고 싶지만 돈이 없어서 클럽 밖에서 흘러나오는 음에 귀 기울이던 프란시스는 음악을 듣기 위해서 군대에서 탈영한 경력의 소유자다.

천재적 뮤지션이 술에 의해 파괴되는 것을 보다 못해 데일의 보호자 역을 자처한 프란시스의 모습을 보면, 대중음악이 단지 유행에만 민감할 뿐이며 문화산업의 메커니즘에 종속된 상품에 지나지 않는다는 이론이 자꾸 야속하게 느껴진다. 영화가 묘사하는 시대로부터 50년 이상이 흘렀지만, 여전히 또 다른 데일과 프란시스를 발견하는 것은 그리 어려운 일이 아니기 때문이다.

마이너리티 리포트
(Minority Report, 2002)
스티븐 스필버그 감독

어느 날 밤 잠자리에 들면서 수아가 아빠에게 수줍은 듯 물었다. 같은 반에 진호라는 멋진 남자 아이가 있는데 관심은 있지만 어떻게 말을 걸어야 할지 막막하다는 것이다. 부쩍 큰 딸아이의 모습을 대견스러워 하며 아빠는 수아에게 일상적인 주제로 말을 걸면 쉽게 진호와 친해질 수 있을 것이라고 말해 주었다. 진호의 형이나 누나, 동생 등 형제관계에 대해서 물어보면서 자연스럽게 대화를 이어 가라고 조언을 했다.

다음날 저녁 식사를 하며 아빠가 수아에게 "오늘 학교에서 어땠어?"라고 묻자 수아는 약간 실망한 표정으로 말했다. "아빠. 진호는 형제가 없데요." 아뿔싸. 진호도 수아처럼 외동이였던 것이다. "더 이상 할 말이 없어서 이야기를 이어 가지 못했어요."

아빠는 수아에게 실망하지 말라고, 진호에게 형제가 없다면 다른 일상의 주제로 물음을 이어 가면 된다고 자상하게 말해 주었다. "수아는 피자를 좋아하지. 진호에게 피자 이야기를 꺼내 보렴. 아마도 쉽게 대화를 풀어 갈 수 있을 거야."

다시 하루 일과를 마치고 아빠를 만난 수아는 이번에는 절망적인 표정이 되어 있었다. "아빠. 진호는 피자를 안 좋아한데요. 그래서 햄버거는 좋아하냐고 물었더니 그것도 싫어한다는 거예요, 글쎄. 물어보는 것마다 안 좋아한다니까 이야기를 더 이어 갈 수가 없었어요."

딴에는 용기를 내어서 남자 아이에게 두 번씩이나 말을 걸었지만 원하던 대로 이야기가 안 풀리자 수아가 많이 실망했다고 생각한 아빠는 그런 단순한 질문으로는 얘기가 안 되겠다 싶어서 전략을 수정해 볼 것을 제안했다. 대학에서 철학을 전공한 아빠는 회심의 미소를 지으며 수아에게 다음 날 학교에서 진호를 만나면 조금 엉뚱해 보이는 질문을 해 보라고 말했다. "진호야. 만약에 너한테 형이 있다면, 너희 형은 피자를 좋아했을까?"라고.

다음 날 저녁에 수아는 아빠에게 어떤 표정으로 결과를 이야기했을까? 아무도 모른다. 나의 딸 수아는 이제 겨우 초등학교 2학년이기 때문에 위의 에피소드에서와 같은 질문은 아직 하지 않는다. 하지만 2~3년 후면 그런 질문을 할지도 모른다. "만약에" 나의 딸 수아가 그런 질문을 하면 나는 어떻게 대답할 것인가를 상상하다가 위와 같이 대답하면 어떨까 하는 생각을 해 보았다.

보통 역사에서는 "만약에"(if)를 이야기하는 것이 무의미하다고 한다. 역사라는 것이 이미 지나간 일들을 다루는 학문이기 때문일 것이다. 때때로 "만약에 조선이 일본에 의해 강점되지 않았다면 어떻게 되었을까?"라든지 "만약에 한국전쟁이 일어나지 않았으면 어떻게 되었을까?"와 같은 질문을 던져 보고 싶은 충동을 느낀다. 하지만 이미 일본이 한반도를 점령하여 35년간 통치한 것은 일어난 사실이며, 1950년에 한반도에서 전쟁이 발발한 것도 뒤집을 수 없는 사실이다.

그러나 철학에서는 사정이 다르다. 철학은 "만약에"(if)라는 질문에서 시작한다고 말하는 것이 과장이 아닐 정도로 과거에 일어났거나 지금 눈앞에 보이는 사실과 다른 것을 가정해 보는 것이 중요하다. 위의 에피소드에서 아빠가 수아에게 제안한 마지막 질문도 분명 그러한 성격의 것이다. 진호는 형제가 없고 피자를 싫어하니까 그러한 사실과 다른 상황을 가정해서 만약 진호에게 형이 있다면 그가 피자를 좋아할지에 대해서 물어보라는 것이다.

사람이란 눈에 보이는 사실에 대해서만 생각하고 말하지 않는 아주 특이한 존재다. 설사 눈에 보이지 않는다 할지라도 그것에 대해서 생각할 수 있으며, 설사 현실은 이렇다 해도 머릿속에서 얼마든지 현실과 다른 상황에 대해 생각할 수 있다. 물론 사실에 대해서 생각하는 것도 매우 중요하다. 하지만 사실에 대한 생각을 넘어설 때 진정한 의미에서 철학적 사고가 시작한다고 하겠다.

영화 〈마이너리티 리포트〉는 철학에서 흔히 사용하는 "만약에"라는 질문을 중심으로 하고 있다. 그것은 바로 "만약에 미래를 볼 수 있다면?"이라는 질문이며, 영화는 그런 질문을 할 때 생각해 볼 수 있는 여러 가지 가능한 상황에 대한 이야기를 그리고 있다.

과학이 발달한 미래 사회의 어두운 면을 주제로 많은 소설을 쓴 필립 K. 딕의 단편소설을 토대로 만든 이 영화의 첫 부분은 프리크라임

마이너리티 리포트 (Minority Report, 2002)

(Pre-Crime)이라 불리는 일종의 경찰 조직에서 살인을 막 저지르려고
하는 인물을 체포하게 되는 과정을 보여 준다. 범죄가 곧 일어날 현장
에 들이닥친 프리크라임의 팀장인 존 앤더튼(탐 크루즈)은 용의자에

게 다음과 같이 말한다.

"오늘 08시 04분 발생 예정인 새러 마크스와 도널드 두빈에 대한 미래 살해 혐의로 당신을 체포한다."

아직 일어나지도 않은 범죄에 대한 예방을 위해서 잠재적 범죄자를 체포하다니 이것이 도대체 어떻게 된 일일까. 2054년 미국의 워싱턴 D.C.에서는 강력범죄, 특히 살인 발생건수가 0에 가깝다. 세 명의 예지력을 지닌 프리코그(Pre-Cognitives)가 앞으로 며칠 사이에 일어날 모든 살인사건을 볼 수 있고, 과학자들은 프리코그가 보는 것을 영상화할 수 있는 기술을 개발하여 프리크라임 소속 수사관들로 하여금 미래 영상을 분석하여 용의자를 범행 이전에 체포할 수 있도록 한 것이다.

이러한 프리크라임의 범죄 예방사업은 워싱턴 D.C.에서의 시범 운영 끝에 그 효과를 인정받아 미국 전역으로의 확대 실시를 위한 투표가 예정되어 있다. 하지만 상식적으로 반문을 제기할 수 있을 것이다. 영화 첫 부분에 나오는 체포 사례에서 보듯이 프리크라임 요원들은 이른바 용의자를 체포하였지만, 사실은 어떠한 범죄도 실제로 일어난 것은 아니기 때문에 문제가 생긴다. 물론 영화는 용의자가 부정을 저지른 아내와 아내의 정부를 살해하기 위해 가위를 집어서 내리치려는 찰나에 요원들에게 체포되는 상황을 묘사하고 있다. 요원들이 제지하지 않았다면 살인사건이 실제로 일어났을 것임을 암시하는 대목이다.

그러나 과연 그랬을 것이라고 완벽하게 확신할 수 있을까? 가능성은 높지만 100% 확실하다고는 말할 수 없지 않을까? 스릴러 영화를 보면 살인범에게 쫓기는 주인공은 막다른 길에 몰려서 곧 살인범의 제물이 될 것처럼 보이다가도 극적으로 그의 손아귀에서 벗어나는 장면이 종종 나오는데, 그런 장면은 현실에서도 가능할 것이기 때문이다. 그래서 이를테면 위의 경우에서 아내인 새라는 남편에 의해 살해되지만 그의 정부인 도널드는 난투극 끝에 살아날 가능성도 얼마든지 있는 것이다.

그러한 가능성에 대한 염려로 프리크라임을 조사하기 위해 파견된 법무부 소속 대니 워트워(콜린 파렐) 검사에게 앤더튼은 단호하게 말한다. 세 명의 프리코그의 예언은 단 한 번도 틀린 적이 없다는 것이다. 그러니 살인이 일어날 것이라는 예언에도 불구하고 예비 살인범을 잡지 않는다면 살인을 방치하는 셈인 것이다. 앤더튼은 마치 공을 던졌을 때 누군가 잡으려 들지 않는다면 공은 땅에 떨어지고 말 것이라는 이치와 같다고 말한다.

그 말을 들은 워트워는 어떤 사람이 살인을 저지르려다가 마음을 바꾸어 사람을 죽이지 않게 된 경우는 어떻게 알 수 있는가를 반문한다. 실로 사람은 공이 아니기 때문에 그렇게 마음이 바뀌는 일을 예상할 수 있다. 스스로 의지하거나 생각한다고 할 수 없는 공에 사람을 비유하는 것에 대한 자연스러운 반문이다. 흔히 형법에서 이야기하듯 범죄를 저지를 의도만으로는 처벌할 수 없다. 실제 범행이 일어나기 전까지는 사람이 어떤 의도나 생각을 가졌든 범죄자라고 볼 수 없는 일이다.

이에 대해 앤더튼은 프리코그는 생각이 아닌 행동만 예측할 수 있다고 답한다. 프리크라임의 수사관들은 프리코그에게 보이는 영상을 전송받아 미래의 범행 과정을 목격하게 된다. 따라서 당연한 이야기이지만 범행을 저지를 것이라고 예상되는 사람의 생각이 어떤 것인지는 볼 수도 없고, 알 수도 없다.

그런 점에서 영화 〈마이너리티 리포트〉가 그려 내고 있는 세상에는 몇 가지 문제점이 있음을 알 수 있다. 먼저 살인범은 아니지만 가만히 놔두었으면 살인을 저질렀을 용의자를 체포해서 특수하게 제작된 투명 캡슐 속에 가둔 뒤 세상으로부터 격리시키는 미래의 이 사회는 매우 심각한 인권침해를 저지르고 있다고 해야 할 것이다. 물론 앤더튼의 경우처럼 반론을 제기할 수 있을 것이다. 실제로 프리크라임에 의한 살인사건에 대한 사전 차단이 실시된 후 살인 범죄는 완전히 사라지다시피 했다는 주장이 그것이다.

매년 수십 건씩 발생하던 살인 사건이 더 이상 일어나지 않게 되었다면, 그것이야 말로 프리코그의 예언에 오류가 없음을 입증하는 것이 아닐까? 그럴듯해 보이기는 하지만 이 질문에 "그렇다"라고 답한다면 논리적 오류를 범하는 것이다. 프리크라임이 조치를 취하지 않았다면 살인 사건에 의해 희생될 뻔한 소중한 생명들이 안전하게 살아 있다는 것은 일어나려고 했던 사건을 막을 수 있었다는 것을 입증해 준다고 할 수 있기는 하지만, 동시에 아예 일어나지 않을 사건에 대해서도 과잉 대응했을 가능성을 배제해 주지는 않기 때문이다.

즉, 프리크라임이 출동해서 체포한 사람들 가운데는 가만 놔두었으면 확실하게 살인을 저질렀을 예비 살인범들도 상당수 있겠지만, 살인을 저지르려다 생각을 바꾸어서 범행을 포기했을 사람들도 포함되어 있을 가능성도 여전히 열려 있다는 것이다.

물론 영화에서 프리코그의 예언은 단 한 번도 틀린 적이 없다고 말한다. 프리코그 중에서도 가장 뛰어난 예지력을 지닌 아가사는 실제로 자신의 눈앞에서 곧 무슨 일이 일어날지를 알아차린다. 문제는 만약 아가사와 같은 프리코그가 미래에 누군가에게 일어날 일을 미리 알고 그 사람에게 그것을 알려 주면, 미래를 바꾸는 일이 가능할 것인가 하는 것이다.

사실 이 영화에서 프리크라임 요원들이 하는 행동은 프리코그가 미리 보여 준 미래의 사건이 일어나지 않도록 막는 것이다. 따라서 그들은 이미 미래를 바꾼 셈이다. 하지만 범행을 저지르는 현장에서 예비 살인범을 체포할 것이 아니라 이 예비 살인범을 미리 찾아낼 수만 있다면, 그를 설득하여 생각을 바꾸게 하거나 아니면 잠시 동안 예비 피해자로부터 격리시킴으로써 살인이 일어나는 것을 막을 수는 없는 것일까?

어차피 프리크라임의 행동은 가만 놔두면 A라는 상황이 전개될 미래를 바꾸어 B라는 상황이 전개되도록 개입하는 것이다. 이렇게 미래에 전개될 상황에 개입하는 것이 가능하다면, 단순한 물리적 개입이 아니라 아예 사람의 마음을 바꾸도록 할 수도 있지 않겠는가 하는 의문을 가질 수도 있지 않을까?

이 문제는 이른바 의지의 자유와 관련된 것으로 영화는 프리크라임의 팀장 앤더튼의 상황을 통해 보여 주고 있다. 어느 날 앤더튼이 살인을 저지를 것이라는 예언이 나온다. 그리고 그의 직책 때문에 앤더튼은 자신이 살인을 저지를 것이라는 예언을 누구보다도 가장 먼저 알게 되지만, 그것도 잠시뿐이고 이내 수배자가 되어 쫓기는 신세가 된다.

범죄 수사기관의 팀장이기에 살인과 같은 강력 범죄로부터 거리가 멀어야 할 것 같은 앤더튼이 다음에 일어날 살인사건의 용의자라니 이 무슨 운명의 장난인가. 만약 프리크라임 시스템이 완벽한 것이라면 앤더튼은 살인을 저지르게 될 것이고, 바로 그 살인 행위가 일어나기 전에 요원들에 의해 사전에 차단될 것이다. 그야말로 운명이 미리 결정되어 있다면 말이다. 하지만 일어날 많은 살인사건을 미리 예방하면서 자부심을 느끼며 여러모로 선한 인물로 그려지고 있는 앤더튼이라면, 그의 미래를 미리 알았기 때문에 그 운명의 뜻을 거역할 수 있어야 하지 않을까?

사람이 앞에 놓여 있는 여러 가능한 행동들 중에 하나를 자신의 의지에 의해서 스스로 선택할 수 있다면, 그에게는 의지의 자유가 있는 것이다. 하지만 사람의 운명이 이미 결정되어 있고 세상의 일들이란 그처럼 미리 결정되어 있는 결과를 향해서 전개되는 것일 뿐이라면 사람에게 의지의 자유가 있다고 볼 수 없다. 어떤 사람이 어떤 선택을 하건 그렇게 하도록 미리 결정되어 있다고 보아야 할 것이기 때문이다. 스스로 자유롭다고 생각하고 선택했지만, 사실은 어떤 초자연적인 힘에 의해 미리 프로그램된 내용을 충실히 따르고 있을 뿐일 테니까 말이다.

오래 전 서양 철학에서는 이러한 신에 의한 결정론적인 아이디어와 사람이 지녔을 것이라고 여겨지는 자유의지의 아이디어를 어떻게 조화시킬 것인가가 매우 중요한 문제 중의 하나였다. 하지만 과학이 눈부시게 발전하고 철학에서 신학적 색채가 탈색하면서 오늘날 결정론의 문제는 과거와 다른 모습들을 띠고 철학적 흥미를 자극하고 있다.

하나의 예를 들자면, 20세기 중반 이후에 급격한 발전을 이룬 유전학은 생명체를 바라보는 사람들의 시각을 크게 변화시켰다. 유전자 연구는 피부색, 머리카락의 모양과 같은 신체적인 특징은 물론 다운증후군이나 헌팅턴병과 같은 유전성 질환의 연구에 이르기까지 많은 것에 대한 유익한 정보를 제공해 주고 있다.

그런데 어떤 사람들은 유전자가 단지 신체와 관련된 부분에만 결정적 요소로 작용하는 것이 아니라 사람들의 행동 패턴에도 영향을 미친다고 주장한다. 논란 많은 진화생물학자인 리처드 도킨스는 개체의 모든 행동은 자신을 복제하려는 유전자의 이기적 목적의 결과이며, 인간의 경우도 특별히 다르지 않다고 주장한다. 그래서 아메바와 같은 원시생명체건 개와 같은 네 발 달린 짐승이건 사람과 같은 고등동물이건 생명체라면 그것은 각 개체가 자신의 주인이 아니라 자신이 지니고 있는 세포 속 유전자가 주인이며, 각 개체는 그 유전자의 꼭두각시에 지나지 않는다는 것이다.

이러한 주장에 따르면, 모든 행동은 이미 프로그램되어 있는 유전자의 지시를 따르는 맹목적인 것에 지나지 않는다. 따라서 인간만이 할 수 있다고 여겨지는 이타적인 행동조차도 실은 유전자의 관점에서 볼 때는 이기적 동기에서 유발된 것으로 이해된다. 번식이라는 것도 마찬가지 동기를 지니는 것으로 여겨진다. 전통적으로 자식을 낳아 대를 잇겠다는 생각은 가문의 무궁한 영광을 위한 것처럼 이해되어 왔지만, 이것도 유전자의 관점에서 보면 한낱 개체는 죽더라도 유전자는 번식을 통해 살아남게 되는 것이므로 최종 승자는 가문이 아니라 눈에 보이지도 않는 유전자라는 이야기가 된다. 아마도 "대가 끊겼다"라는 말은 가문의 관점에서 볼 때 적절한 표현일 것이고, "씨가 말랐다"라는 말은 유전자의 관점을 대변한다고 할 수 있겠다.

물론 도킨스의 주장은 극단적인 형태의 결정론이고 그와 입장을 달리하는 사람들과의 격렬한 논쟁거리를 제공해 왔지만, 유전학을 비롯한 생명과학의 발전은 중세에 기독교 신학자들이 세계의 역사와 미래를 신학적 결정론에 의해 설명했던 것과 관련하여 다음과 같은 흥미로운 비교를 할 수 있게 해 준다.

어떤 예술가가 예술작품을 하나 완성했다고 해 보자. 그는 자신이 창조한 작품이 아주 마음에 드는 것이라면, 훼손되어 쉽게 없어지기보다는 마치 자신의 분신처럼 여겨서 아주 오래 보존되기를 바랄 것이다. 조물주가 있어서 남자와 여자를 창조했다고 해 보자. 자신의 피조물이 아주 마음에 든다면, 조물주는 인간이 살다가 죽어 없어지는 것을 바라지 않을 것이다. 그래서 남녀가 가족을 이루며 자식을 낳아 자자손손 번성하기를 바랄 것이다.

그런데 도대체 어떤 방법으로 남녀가 가족을 이루고 자식을 낳도록 할 수 있겠는가? 그것은 조물주의 뜻이어야 한다. 하지만 그에 의해 창조된 남자와 여자가 서로 가족을 이루고 자식을 낳을 생각을 하지 않는다면 어떻게 되겠는가? 또는 임신을 위한 필요조건인 성관계 시에 남자와 여자가 극심한 고통을 느낀다면 어떻게 되겠는가? 불행하게도 조물주의 희망은 실현될 수 없을 것이다.

하지만 조물주는 전능한 힘으로 남녀를 창조했으므로 두 남녀가 자연스럽게 끌려서 자식을 낳을 수 있도록 특별한 장치를 해 놓을 수 있었다. 그것은 두 남녀가 사랑에 빠지게 하는 것이다. 사랑에 빠지면 보통 상태와 달라져서 남녀가 늘 같이 있고 싶어지고, 사랑의 이름 아래 성관계를 하고, 그 결과 아이를 낳게 될 것이다. 단, 성관계 시에는 고통스러워서는 안 되고 평상시에 느낄 수 없는 강렬한 쾌락을 느끼게 조치를 취했다. 아무리 성관계가 좋은 것이라 해도 그로 인해 엄청난 고통을 느낀다면 사람들은 그것을 구태여 하려 들지 않을 것이기 때문이다.

결과는 성공적이었다. 아무 관계도 없던 남남인 두 남녀가 어느 날 서로 보는 눈이 달라졌다. 그들은 사랑에 빠진 것이다. 그들은 서로에게 다정해졌으며 서로를 배려했고 언제나 같이 있고 싶어 했다. 결국 같이 살기로 하고 아이를 낳았다. 그들에게 물었다. 왜 결혼했으며, 왜 아이를 낳았냐고. 그들의 답변은 "사랑하기 때문에"라는 것이었다. 사실은 결혼해서 아이를 낳았으므로 조물주가 바라던 희망을 실현시킨 것에 지나지 않지만, 두 남녀는 그런 생각은 꿈에도 하지 않았다. 그들의 행동의 동기는 사랑이었다.

조물주의 관점에서 보면 아이를 낳은 남녀의 행동은 꼭두각시놀음과 같은 것이다. 하지만 그리 기분 나쁠 일도 없다. 왜냐하면 남녀는 서로 진짜 사랑했기 때문이다. 그들의 행동의 결과가 그들의 행복을 증대시켰기 때문에 누구에겐가 조정 당했다고 생각하지 않는 것이다. 그들은 여전히 서로가 원하지 않았다면 맺어지지 않았을 것이라고 생각한다.

이것이 전통적으로 조물주로서의 신의 입장에서 생명체와 세계의 역사를 설명하는 방식이다. 모든 동식물과 사람들은 자신의 행동이 실제로 어떤 의미를 갖는 것인지 잘 모른다. 그들은 신의 영광이라는 거대한 목적을 개개인의 차원에서 실현하고 있는 셈이지만 말이다. 이러한 생각은 생명과학의 발전에 따라 새로운 생각에 의해 도전받게 되었다.

세상에 있는 모든 생명체는 세포 안에 유전자를 가지고 있다. 매우 작아서 눈에는 보이지 않지만 이 유전자에는 마치 컴퓨터 소프트웨어처럼 자신을 지니고 있는 개체가 어떻게 생겨나고 자라서 행동할지에 대한 정보들이 미리 프로그램 되어 있다. 어떤 남녀에 대해서 다시 생각해 보자. 이 남녀는 아주 오랜 진화의 과정을 통해 인간의 자손이 되었다. 환경의 급격한 변화가 있을 때마다 잘 적응하지 못하는 유전자는 도태되었고, 잘 적응한 유전자들만이 살아남아 새로운 종으로 진화한 것이다.

유전자가 살아남기 위해서는 유전자가 살고 있는 개체들이 번식을 해서 다음 세대로 유전자가 대물림되어야 한다. 그런데 개체들이 번식을 하려 들지 않으면 유전자에게는 매우 곤란한 상황이 발생할 것이다. 개체의 죽음과 동시에 유전자도 사멸할 것이기 때문이다. 따라서 유전자는 무슨 일이 있어도 개체들이 본능적으로 생식을 하도록 만들어서 자기 자신을 다음 세대에서 살아남을 수 있게 해 주는 장치를 마련해 놓았다.

위의 남녀는 서로 남남이지만 어느 날 사랑에 빠졌다. 물론 그것은 그 둘의 생각일 뿐이다. 사실 사랑은 구실이고 그들 속에 있는 유전자가 다음 세대로 내려가기 위한 장치로서 남녀로 하여금 성관계를 하지 않을 수 없게 만들어 놓은 것에 지나지 않는다. 남녀는 서로 진정으로 사랑하여 결혼을 하고 아이를 낳았다. 남자는 여자의 외모에 끌리고, 여자는 남자의 경제력, 자상함과 친절함에 끌렸다.

유전자의 관점에서 남녀는 각자의 유전자에 프로그램 되어 있는 시나리오에 따라 행동했을 뿐이다. 하지만 남녀의 관점에서는 그런 미리 결정된 시나리오 같은 것은 없다고 생각한다. 간혹 그들의 만남은 운명적인 것 같다는 생각을 해 본 적은 있지만 말이다.

사랑에 대한 이 두 설명에 어떤 차이가 있을까? 앞의 설명은 조물주가 미리 설계해 놓은 프로그램에 따라 사람들의 행동이 어느 정도 결정되어 있다는 시각이다. 이러한 설명에 따르면 세상사도 이미 결정되어 있는 셈이 된다. 역사는 자유로운 주체인 인간이 스스로 만들

어 가는 것이 아니라 이미 조물주의 의지에 의해 결정되어 있다는 것
이다. 자유의지가 설 자리가 별로 없어 보인다.

뒤의 설명에는 조물주가 등장하지 않는다. 하지만 그 자리를 유전
자가 대신하고 있다. 사람들의 행동은 유전자에 의해 결정되어 있으
며, 자연사 역시 조물주 같은 존재가 모든 과정을 미리 설계해 놓지는
않았지만 자연에의 적응력이 뛰어난 유전자들이 살아남기 위한 동인
에 의해 움직이는 개체들이 만들어 가고 있는 셈이다. 이 경우도 자유
의지의 입지는 그리 크지 않아 보인다.

과거에는 신이라는 초자연적 존재에 의해서 사람의 미래와 역사가
예정되어 있다고 보았는데, 과학이 발달하면서 신에 의지하지는 않게
되었으나 그 예정의 주체가 유전자라는 생각이 나오면서 여전히 자유
의지가 설 자리는 별로 없어 보인다. 만약 이타적 행동도 궁극적으로
는 이기적 유전자가 리모트 컨트롤하는 이기적 동기에 의한 것이라
면, 도덕적인 의미에서의 자유의지도 없다는 이야기가 된다.

실제로 사람들은 스스로 자유롭게 의지하고 자유롭게 선택하며, 그
에 따라 자유롭게 행동한다고 생각한다. 그런데 여전히 많은 사람들이
자신의 미래를 궁금해하다 못해 점을 보러 간다. 불확실성은 다소간의
불안감을 가져다주기 때문에 미래에 대한 궁금증은 누구나 갖기 마련
이다. 하지만 점을 보아 미래를 알고자 하는 것은 어느 정도 운명을 믿
는 행동이며, 스스로의 자유의지를 부정하는 아이러니인 셈이다.

영화 〈마이너리티 리포트〉의 프리코그는 과학이 지배하는 2050년
대 사람들의 의식과 행동을 지배하는 점쟁이와 같은 존재다. 눈동자
를 통해서 신원을 확인하고 하늘을 날아다니는 자동차와 열감지 센서
가 달린 인조거미 등 미래의 과학이 보여 줄 수 있는 모든 것을 갖춘

환상적인 미래에, 과학의 뒤편에서 그러한 시스템을 떠받치는 존재가 오늘날 우리가 점쟁이라고 부르는 특별한 능력을 가진 사람들이라는 것이 재미있다.

그것은 과학만능주의에 대한 우려이거나 경고일 수도 있겠지만, 무엇보다도 사람에게는 의지의 자유가 있음을 역설적으로 입증하는 것이다. 영화 속 앤더튼은 그것을 몸소 보여 주었고 프리크라임의 총 책임자인 버지스 국장의 마지막 행동에서도 나타난다. 결국 인간은 예나 지금이나 종교적 세계관을 통해서건 과학적 세계관을 통해서건 자신의 미래에 대해 궁금해하고 알고 싶어 한다. 하지만 어떤 미래가 앞에 놓여 있는지는 지금 내가 어떤 행동을 하는가에 달려 있다는 것이다.

궁금하기 때문에 아직 일어나지 않은 것에 대해 상상하거나 있을 법 하지 않은 것에 대해서 가정해 보는 것은 흥미로운 일일 것이다. 역사학에서 권장하지 않는 "만약에"를 미래뿐 아니라 과거와 삶의 모든 부분에도 적용시켜 보자. 그렇게 한다면 여러분들은 이미 훌륭한 철학자이자 스스로 자유롭게 의지하고 행동하는 멋진 존재가 되기로 선택한 셈이다. ◕

>> 더 볼 영화

트루먼 쇼 <small>(The Truman Show, 1998), 피터 위어 감독</small>

태어나서부터 나이 30이 되도록 방송 스튜디오에 의해 조작된 환경 안에서
살면서 자신의 일거수일투족이 전 세계 사람들에게 생방송으로 중계되는 것

을 몰랐던 트루먼 버뱅크는 영화 〈트루먼 쇼〉의 주인공이다. 요즘 텔레비전에서 흔히 볼 수 있는 리얼리티 쇼와 비슷한 아이디어이지만, 그 쇼의 주인공인 트루먼은 정작 그 자신이 쇼의 주인공이라는 것을 모른다는 내용이다.

이 거대한 쇼, 혹은 사기극의 프로듀서 크리스토프는 트루먼의 가족관계나 생활환경을 조작하지만 트루먼은 그런 사실을 전혀 알 수 없다. 크리스토프는 트루먼 앞에 나타나지 않지만 그가 원하는 방식대로 트루먼의 생각이나 행동을 조종할 수 있다고 믿는다. 나약한 인간의 의지와 행동을 조건화하는 신처럼 말이다.

그러나 자신이 조작된 환경에서 라이브 쇼의 주인공으로 살아왔다는 것을 알게 된 트루먼은, 조작된 공포였던 물에의 두려움을 극복하고 자유로운 세상을 향해 나아간다. 그의 생애 처음으로 트루먼은 자유로운 그의 의지를 행동에 옮기게 된 것이다.

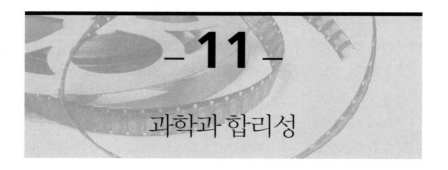

-11-
과학과 합리성

엑소시즘 오브 에밀리 로즈
(The Exorcism of Emily Rose, 2005)
스콧 데릭슨 감독

〈엑소시즘 오브 에밀리 로즈〉는 1970년대 독일에서 실제 일어난 일을
바탕으로 한 영화다. 기숙사에서 악몽과 신체발작에 계속 시달리자
정신과 치료를 받던 한 여대생이 자신의 몸에 악령이 들었다고 믿게
되면서 그가 다니던 성당의 신부에게 구마의식을 받다가 사망한 사건
을 그린 이 영화는, 사건이 실제로 일어난 독일에서도 〈레퀴엠, 2006〉
이라는 영화로 제작되었다.

부산국제영화제에서 소개된 〈레퀴엠〉은 아직 한국에서 개봉되지는
않았으나 좀 더 실제 사건에 충실한 반면, 할리우드에서 제작된 〈엑소
시즘 오브 에밀리 로즈〉는 병원 치료를 중단케 하고 구마의식을 시행
하다 사람을 죽게 한 가톨릭 신부의 재판과정에 초점을 맞추고 있다.
그래서 법정드라마의 모습을 띠고 있는 이 영화에서는 피고인 무어 신

엑소시즘 오브 에밀리 로즈 (The Exorcism of Emily Rose, 2005)

부(톰 윌킨스)를 변론하는 브루너 변호사(로라 린니)와 신부를 기소한 토마스 검사(캠벨 스코트)의 공방이 흥미롭게 전개된다.

의학적 치료를 계속했으면 살릴 수 있었던 환자를 중세시대에나 있을 법한 구마의식을 통해 살해했다며 신부를 몰아세우는 토마스 검사는 흥미롭게도 기독교 신자이며, 신의 존재 여부를 알 수 없다는 신념을 지닌 불가지론자인 브루너 변호사는 자신이 맡은 사건을 승소로 이끌기 위해 구마의식이 실제로 행해지는 여러 문화권의 실제 사례들을 찾아 무어 신부에 대한 변호를 꾀한다. 신앙심을 지닌 검사는 신부의 행위가 진정한 종교인의 행위가 아니었다는 가치판단을 통해 피고를 벌할 것을 주장하는 반면, 신앙심이 없는 변호사는 가톨릭뿐 아니라 다양한 문화와 종교에서 유사한 행위가 실재한다는 사실을 부각함으로써 우리가 확실히 알 수 없는 현상에 대한 가치판단을 유보할 것을 주장하고 있는 것이다.

1970년대에 초등학교를 다닌 나는 당시에 학교에서 많이 듣던 표어들이 가끔 생각난다. 그 중에는 '유비무환'과 같은 냉전시대의 이데올로기를 반영하는 것도 있고 '과학입국'과 같이 미래지향적인 이상을 담은 것도 있다. 과학은 주관적인 것 혹은 나쁜 것이라는 생각보다는 객관적이고 좋은 것이라는 생각이 더 설득력이 있을 것이므로 국가가 앞장서서 과학을 장려하는 것은 나쁠 것이 없어 보이기도 한다. 하지만 과학의 본성에 대해서 연구하는 일부 철학자들은 이처럼 과학이 국가 차원에서 의무적으로 교육되고 장려된다는 점에서 냉전처럼 어느 정도 이데올로기적인 성격을 지니고 있다고 주장하기도 한다.

사정이 어떠했든 오늘날 나라마다 국가경쟁력을 증진시키는 데 과학의 역할이 지대하다는 말에 이견을 다는 경우는 없으며 대체로 국가 차원에서 과학 교육 및 발전에 적극적인 지원을 아끼지 않고 있는 실정이다. 그렇다면 궁금해지는 것은 도대체 과학이 뭐기에 과학의 어떤 점이 국가경쟁력에 큰 영향을 줄 정도의 힘을 가지게 하는 것일까?

흔히 서양철학이 태동한 곳은 고대 그리스라고 한다. 그리고 그중에도 밀레투스라는 지역에서 최초의 철학자들이 활동했다고 한다. 그래서 서양철학사를 배우게 되면 가장 먼저 접하는 이름 중의 하나가 밀레투스 학파를 이끈 탈레스다. 탈레스는 만물은 물로 이루어져 있다는 주장을 한 것으로도 유명하지만 자연현상에 대한 여러 언급을 한 것으로 알려지고 있다. 이를테면 그는 지진에 대해서 이전과는 다른 새로운 방식의 설명을 한 것으로 전해지고 있다.

그때까지만 해도 그리스인들은 바다의 신인 포세이돈이 지진을 일으킨다고 믿었다. 즉 포세이돈이 화를 낼 때 지진이 일어난다고 믿었던 것이다. 그러나 탈레스는 지구가 물 위에 떠 있을 뿐 아니라, 지진은 파도의 요동에 의해 생겨난다고 보았다. 얼핏 보기에 두 설명은 비슷해 보이지만, 탈레스의 설명은 그리스 신화가 제공하는 그것과는 차원이 다른 것이다.

그리스 신화의 설명은 지진이라는 자연현상을 신이 분노했다는 초자연적 현상에 의해서 설명하고 있다. 반면 탈레스의 설명은 지진이라는 자연현상을 설명하기 위해서 초자연적 존재를 도입하지 않고 또 다른 자연현상을 통해서 설명하고 있다. 우리가 눈으로 관찰하거나 직접 경험할 수 있는 것 이외의 요소를 일체 끌어들이지 않고 지진현상을 설명하고 있는 것이다.

탈레스에 대한 정보는 후대 사람들의 기록에 의해 전해지고 있다. 탈레스 스스로 글을 쓰지 않았거나 썼다 하더라도 남아 있는 것이 없기 때문이다. 몇몇 사람들에 의한 기록이 있지만, 그중 아리스토텔레스는 탈레스를 자연철학의 선구자라고 기록하고 있다. 흔히 서양철학에서 소크라테스 이전의 철학자들을 자연철학자라고 부르는데 그 이유는 그들이 처음으로 자연을 발견했기 때문이다.

그렇다면 탈레스와 일군의 철학자들이 자연을 발견했다는 것은 무엇을 뜻하는 것일까? 그것은 우리가 일상에서 물리적으로 경험하는 세계에서 일어나는 일들을 그리스 신화와 같은 초자연적인 설명이 아니라 그러한 물리적 세계 내에서 일어나는 자연적 현상에 의해 설명하기 시작했다는 것을 뜻한다. 이러한 변화는 자연에 대한 이성적 설명이 시작되었음을 뜻하며, 보통 '신화(mythos)에서 이성으로(logos)'라는 말로 일컬어지면서 서양에서 철학의 시작을 알리는 중요한 전환점으로 여겨져 왔다.

물론 탈레스의 등장을 진정한 의미의 철학의 시작으로 보지 않는 시각도 있다. 탈레스와 동시대의 많은 철학자들은 "세계는 무엇으로 이루어져 있는가?"라는 질문에 주로 관심이 있었는데, 이는 다분히 인간 외부의 자연세계의 본성에 대한 관심이었을 뿐 오늘날 우리가 철학의 주요 관심사라고 여기는 인간 자신의 내면세계에 대한 관심이라고 볼 수는 없기 때문이다. 그러한 질문을 처음 던진 사람은 바로 "너 자신을 알라!"라는 말로 유명한 소크라테스이며, 인간 외부에 대한 관심사를 인간 내부로 전환시켰다는 점에서 진정한 의미에서 최초의 철학자로 평가하는 것이다.

그러한 견해에 따르면, 결국 소크라테스 이전의 자연철학자들은 오늘날의 관점에서 볼 때는 철학자라기보다는 과학자에 더 가까운 사람일 것이다. 하지만 자연철학자들은 이성적인 관점에서 자연을 바라보려고 했을 뿐 오늘날 우리가 과학이라고 부르는 학문을 탄생시키지는 못했다. 그러한 과학은 최초의 자연철학자들이 철학사에 등장한 지 무려 2,000년의 세월이 흐른 후에나 나타난다. 그것은 고대와 중세를 통해 아주 오랜 기간 종교적 세계관이 지배하게 되었기 때문이고, 르네상스 이후 자연적이고 과학적인 세계관이 떠오르면서 케플러, 코페르니쿠스, 갈릴레오, 그리고 뉴턴과 같은 근대적인 의미의 과학자들이 빛을 보게 된다.

지금은 코페르니쿠스의 지동설이나 갈릴레오의 "그래도 지구는 돈다"라는 말, 혹은 뉴턴의 만유인력의 법칙에 대해 심각하게 의문을 제기하지 않지만, 이들 과학자들이 활동하던 때만 하더라도 그들의 생각은 매우 혁명적인 사고의 전환을 요구하는 것이었고, 때로는 위험한 생각으로 여겨지기도 했다. 지구가 태양 주위를 돈다는 생각은 반성서적인 것으로 여겨지기에 충분했으며, 갈릴레오가 종교재판의 결과로 만년을 가택연금 상태에서 보낸 것도 당시 상황에 비추어 보면 그리 놀랄 만한 일이 아니다.

새로운 과학적 아이디어가 속속 등장했지만, 그러한 변화와 동시에 종교적인 세계관이 일거에 물러나고 과학적 세계관이 세상을 지배하게 된 것은 결코 아니었다. 종교적 세계관은 동서양을 막론하고 아주 오랜 세월 동안 사람들의 정신세계를 지배해 왔기 때문에 어떤 외적 요인에 의해서 갑자기 머릿속에서 사라지지 않는다.

사람을 달나라에 보내고 초고속 인터넷으로 지구 반대편에 있는 사람과 실시간으로 영상회의가 가능한 오늘날에도 사람들이 이성적 사고만 하는 것은 결코 아니다. 새로 사업이나 장사를 시작하는 사람들이 여전히 고사를 지내는 장면을 목격하는 것은 그리 어려운 일이 아니다. 서양 사람들은 행운을 빌 때 중지를 검지 위로 교차시켜서 십자가 모양을 만드는데 "cross one's finger"라는 관용어가 옥스퍼드 영어

사전에 나올 정도로 흔한 행동이다.

　몰론 고사를 지내서 장사나 사업이 잘 되도록 비는 일이나 자신의 손가락을 교차시킴으로써 행운을 비는 일은 다분히 관례화된 의식이거나 일상적인 행동이다. 그에 비해 정신적으로 상당한 고통에 시달리는 영화 속 에밀리 로즈가 과학에 기초한 의학의 힘 대신 종교에 기초한 구마술의 힘에 의지하여 문제를 해결하려고 한 것은 일상적이라고 보기는 어려우며 매우 드문 일이다. 하지만 영화의 마지막 부분에서도 나오듯이 영화 속 실제 인물의 묘가 위치한 독일의 어느 마을은 오늘날 유럽에서 몰려 든 신자들에 의해 일종의 성지처럼 여겨지고 있다고 한다. 어려서부터 과학을 배우면서 자라고, 그 과학의 혜택을 온전히 누리면서도 사람이 과학적으로만 생각하지는 않는 것이다.

　역사를 통해 살펴보면, 종교적 사고와 과학적 사고가 대립한 흥미로운 사례를 발견할 수 있다. 오늘날 과학자들은 번개를 구름들 사이의 방전 혹은 구름과 지면 사이의 방전현상으로 설명하고 있다. 장마철에는 우리나라에서도 천둥과 번개를 흔히 경험할 수 있다. 무시무시한 천둥소리에 아이들은 무서워하기도 하지만, 누구나 초등학교 시절 과학 시간에 번개 빛과 천둥소리의 시간 차이를 측정한 뒤에 번개가 발생한 곳의 위치가 얼마나 멀리 떨어져 있는가를 '과학적으로' 계산했던 일을 기억할 수 있을 것이다.

　지금은 이렇게 완전히 과학의 영역에서 배우는 천둥 번개를 기독교적 세계관이 지배하고 있던 유럽에서는 아주 오랜 세월 동안 초자연적인 설명방식에 의해 이해하고 있었다. 이를테면 중세 교회에서는 공기 중에 악마나 악령 혹은 마녀가 있다고 가르쳤다. 그래서 비와 바람, 번개와 벼락과 같은 것이 공기 중에 퍼져 있는 악령에 의해 생긴다고 보았다. 문제는 건축 기술이 비약적으로 발전한 20세기가 될 때까지도 유럽에서 대부분의 건물들이 2~3층을 넘지 않았고, 마을에서 가장 높은 건물은 첨탑이나 종탑이 있는 교회 건물인 경우가 많았다는 것이다.

자연스럽게 교회 건물은 벼락의 잦은 표적이 되었고, 실제로 많은 교회 건물들이 벼락에 의한 화재로 불타는 일이 일어났다. 교회에서는 전지전능한 하느님이 자신의 신성한 교회에 악령이 벼락을 내리는 것을 허용 또는 묵인하는 것에 의아해 했다. 특히 마을의 도박업소나 윤락업소는 안전한 반면 유독 교회만이 벼락을 맞는 것을 이해하기가 어려웠다. 교회는 자신들의 신앙심이 부족한 것을 탓하면서 더 많은 기도와 헌신으로 잿더미 위에서 다시 교회 건물을 복원하거나 더 높은 첨탑의 교회를 짓기도 했다. 하지만 새로운 건물 역시 벼락으로부터 안전하지 못했음은 쉽게 추측할 수 있을 것이다.

교회에서는 기도하고, 교회 건물에 성수를 뿌리고, 마녀사냥을 하는 등 종교적 의식을 통해서 그러한 혹독한 재앙에서 벗어나려고 했다. 또한 궂은 날씨에는 교회 건물의 종을 쳐서 성스런 종소리에 의해 공기 중에서 활동하고 있다고 여겨지는 악령을 쫓을 수 있다고 믿었다. 하지만 천둥 번개가 치는 날에 교회에서 종을 치는 것은 바로 그 일을 맡은 사람을 순교자로 만드는 결과를 가져올 뿐이었다. 종탑은 벼락의 표적이 되기 쉬웠고 그로 인해 종 치는 임무를 수행하던 많은 성직자들이 감전사하자 파리시 의회는 1786년 비오는 날 타종을 법으로 금하기도 했다.

이러한 심각한 재앙을 막을 해결의 실마리는 1752년에 미국의 정치인이자 발명가인 벤자민 프랭클린에 의해 제시된다. 프랭클린은 번개와 벼락이 방전 현상임을 확신했고, 하늘에서 방전되는 전류를 전도체를 통해 지면으로 유도하면 벼락의 피해를 줄일 수 있다고 생각했다. 그리하여 피뢰침이라는 도구가 발명되기에 이른다.

프랭클린은 낙뢰현상을 부족한 신앙심에 대한 신의 분노나 악령의 소행과 같은 초자연적인 힘에 의한 것으로 보지 않고, 단순히 자연현상으로 이해한 것이다. 어떤 현상을 바라보는 시각이 달랐기 때문에 그러한 현상이 미치는 나쁜 영향에서 벗어나기 위한 방책도 다를 수밖에 없었다. 악령과 같은 초자연적인 존재가 낙뢰의 원인이라고 할 때, 그러한 눈에 보이지 않는 악령이라는 존재를 물리치기 위해서는 기도나 성수, 타종과 같은 종교적 의식을 통한 해결책이 제시될 수밖에 없었다. 하지만 프랭클린처럼 문제가 자연현상에 의해 발생한다고 생각하게 되면 자연현상을 제어, 통제하는 방안을 모색함으로써 문제 해결을 꾀하게 된다.

오늘날 건물들 옥상 위에 세워져 있는 피뢰침을 발견하는 것은 어려운 일이 아니다. 피뢰침이 없는 건물을 찾아보는 것이 불가능할 정도다. 63빌딩과 같은 고층빌딩이건, 15층 높이의 아파트 건물이건, 5층짜리 상가건물이건 말이다. 하지만 피뢰침이 발명된 18세기 중반에 건물에 피뢰침을 설치하는 것은 그리 쉬운 일이 아니었다. 일단 가장 많은 낙뢰 피해를 입었던 교회에서는 성스런 교회당 꼭대기에 십자가 외의 금속 막대를 세우는 것을 인정하려 들지 않았다.

일례로 성 마르코의 유골이 봉헌된 것으로 유명한 베네치아의 성 마르코 대성당은 피뢰침 발명 이후 두 차례나 종탑이 낙뢰 피해를 입었지만 처음에는 종탑 위에 피뢰침 설치를 거부하다가 1766년에 이르러서야 피뢰침을 설치한다. 결국 피뢰침이 발명된 이후에도 많은 교회 건물이 벼락을 맞아 불에 탔으며, 유럽의 교회 건물에 피뢰침이 널리 받아들여진 것은 프랭클린의 발명으로부터 무려 1세기가량 지난 후였다.

　피뢰침의 사례는 자연현상에 대해 종교와 과학이 각각 어떤 방식으로 바라보고 있는지를 잘 설명해 준다. 그렇다면 결국은 과학적인 시각을 대변하는 피뢰침이 모든 사람들에게 받아들여진 이유는 무엇일까? 바꾸어 말해 과학의 힘은 어디에서 나오는 것일까? 앞에서 고대 그리스의 자연철학자들이 자연을 발견했다고 했다. 과학은 바로 자연현상에 대한 학문이다. 그리고 오랜 시간을 지나오면서 과학자들은 많은 자연현상이 한 번 생겨났다 사라지고 마는 것이 아니라 같은 방식으로 반복해서 일어나는 경우가 많다는 데 주목했다.

　소나기가 갑자기 쏟아지다가 곧 날이 맑게 개기도 하는 것처럼 우리는 자연현상이 변덕스럽다고 생각할지 모르지만, 실제로 자연의 세계에는 놀라울 정도의 규칙성이 있다. 가장 간단한 예로 아침에 해가 동쪽에서 뜨고 저녁 무렵 서쪽으로 지는 현상이 그렇다. 낮과 밤이 번갈아 가면서 규칙적으로 나타나는 것이다. 물을 가열하였더니 섭씨 100도에서 끓는다든지, 한반도에는 대체적으로 6월 하순에서 7월 하순 사이에 장마가 온다든지 하는 것도 바로 자연에서 발견되는 규칙성의 예들이다.

　실제로 과학자들은 자연에서 아주 많은 규칙적인 현상을 발견했다. 우리가 오늘날 자연법칙이라고 부르는 것들은 전부 그러한 규칙성을 근거로 한 것들이다. 그렇다면 자연에서 규칙성을 발견한 것이 뭐가 그리 대단한 일일까? 규칙성이 우리에게 가져다주는 이득에 대해서 잘 알기 위해서 불규칙적인 사례를 살펴보는 것이 도움이 된다.

　어떤 친구가 있는데 이 친구의 행동은 종잡을 수 없이 들쭉날쭉 한데다 성격도 매우 변덕스럽다고 해 보자. 우리는 이 친구가 어느 모임이나 중요한 행사에서 어떤 행동을 할지 예측하기가 어려울 것이다. 반면에 아침 출근길에 버스 정류장에서 매일 마주치는 미모의 여성이 있다고 해 보자. 1~2분 정도의 편차는 있겠지만 거의 예외 없이 7시 30분에 버스 정류장에서 그 여성을 보아 왔다면, 우리는 내일도 그 시간에 버스 정류장에서 그를 볼 것이라고 예측할 수 있다.

결국 규칙성에서 우리가 이끌어 낼 수 있는 것은 예측이 가능하다는 것이다. 출근시간과 같이 시간이 정해져 있는 경우를 제외하고는 어떤 사람의 행동방식은 편차가 크기 때문에 규칙성을 말하기가 쉽지는 않을 것이다. 하지만 자연현상에서 우리가 규칙성을 발견한다면, 그것은 편차가 그리 크지 않으며 그러한 규칙성에 근거해서 미래를 예측할 수 있게 해 준다.

소풍을 앞둔 학생이 궁금해하는 것은 내일의 날씨다. 비가 오면 소풍이 취소될 것이고 그렇게 되면 학교에서 수업을 받을 것이기 때문이다. 이 학생은 오늘 밤 9시 뉴스에서 일기예보를 유심히 시청할 것이다. 물론 일기예보는 정확도에서 문제가 있을지도 모른다. 하지만 기상학은 과거 오랜 기간 동안 관찰해 온 구름의 모습을 통해서 일정한 규칙성을 발견해 냈다. 그리고 그러한 규칙성에 근거하여 날씨를 예측하는 것이다. 그래서 그 학생이 합리적으로 판단하는 사람이라면, 내일 비가 내릴 확률이 90%라는 예보를 접한다면 소풍에 대한 기대를 접고 내일 수업을 위한 준비를 할 것이다.

하지만 이 학생이 소풍을 간절히 바라고 있다면, 비관적인 일기예보를 받아들임에도 불구하고 내일 꼭 날씨가 맑게 해 달라고 기도를 할지도 모른다. 동서양을 막론하고 옛날에는 가뭄이 들면 비가 오게 해 달라고 초자연적 존재인 신에게 기우제를 지냈다. 일본에서는 조

그만 인형을 만들어 흰색 헝겊을 씌워 창가나 처마에 매달아서 날씨가 맑게 해 달라고 기원하는 풍습도 있다. 이러한 의식이나 풍습은 전부 자연의 규칙성을 알아내기 전에 성행했던 것이다. 그리고 과학이 충분히 발달한 오늘날에도 사람들의 마음속 한구석에는 그러한 습성이 도사리고 있다고 하겠다.

결국 과학은 자연에서 발견되는 규칙성에 의거해서 자연현상을 설명할 수 있고 미래를 예측할 수 있는 힘을 우리에게 준다. 바로 그런 이유에서 우리는 과학을 신뢰할 수 있다. 또한 그 모든 과정이 요행이나 속임수에 의한 것이 아니라 이성적이고 합리적인 사고에 의해서 일어난다는 점에서 더 그렇다.

그럼에도 불구하고 우리는 과학이 모든 것을 설명해 준다고 생각하지 않는다. 과학으로 설명되지 않는 현상들이 여전히 많으며, 사람이 살아가는 데 있어서 과학적 설명이나 과학적 마인드를 반드시 필요로 하지 않는 경우도 많이 있다. 20세기 중반 과학적 세계관으로 무장한 일부 철학자들은 종교를 인류발전의 유아기적 단계에서 발생하는 것으로 이해하고 과학이 더 발전하면 궁극적으로 종교는 없어질 것이라고 생각했다. 즉, 그들은 과학이 아닌 모든 것을 과학에 의해 설명할 수 있으며, 그렇게 될 때 비과학적인 것들의 많은 부분은 없어질 수도 있다고 생각했던 것이다.

역설적이게도 그러한 생각은 오늘날 시대에 뒤떨어진 생각으로 평가되고 있다. 아무리 과학이 비약적으로 발달한다 해도 종교의 영역은 사라지지 않을 것이다. 종교인이 되기 위해서 필요한 것은 진정한 신앙심이고, 과학자가 되기 위해 필요한 것은 냉철한 이성이다. 신앙심과 이성은 반드시 배타적인 것만은 아니다. 적용되어야 하는 영역이 다를 뿐이다. 따라서 한 사람이 신앙심을 지닌 종교인이면서 동시에 과학자가 되는 것은 얼마든지 가능하다.

이제 다시 〈엑소시즘 오브 에밀리 로즈〉로 돌아가 보자. 독실한 기독교 신자인 토마스 검사는 법정에서 구마의식으로 에밀리 로즈를 숨지게 했다며 신부를 공격한다. 반면 브루너 변호사는 우리가 과학적으로 설명할 수 없는 초자연적인 현상이 있을지도 모른다는 입장을 견지한다. 여기서 흥미로운 것은 기독교 신자인 검사는 신의 존재에 대해서 확신이 있지만 악령과 같은 것은 없다는 입장이고, 불가지론자인 변호사는 신이 존재하는지 존재하지 않는지 알 수 없으며 악령의 존재에 대해서도 그 존재 여부를 알 수 없다는 것이다.

무신론과 달리 불가지론은 신의 존재 여부를 이성적으로 확인할 수 없기 때문에 신이 존재하는지 존재하지 않는지 알 수 없다는 입장이다. 만약 이성적으로 신의 존재를 밝힐 수 있게 된다면 불가지론자들은 신이 있다고 결론 내릴 것이지만, 그럴 가능성이 희박해 보인다는 점에서 불가지론은 무신론에 더 가까운 입장이다. 신앙심으로 접근해야 답이 보이는 문제에 이성적으로 접근하는 태도인 것이다.

하지만 바로 그 점 때문에 브루너 변호사가 에밀리 로즈의 사건을 담당하게 된 것이다. 법정에서는 감정에 호소하기 보다는 냉철한 이성의 논리를 펴는 것이 필요하기 때문이다. 브루너 변호사는 승부욕 강한 이성적인 여성 변호사다. 그리고 악령이 없다는 것 또한 입증할 수 없기 때문에 신부를 단죄하는 것은 부당하다는 논리를 편다. 하지만 에밀리 로즈의 악몽과 발작이 악령에 의한 것임을 입증하는 것 역시 불가능했다. 반면 검사측은 정신의학자들의 증언을 통해 에밀리 로즈가 보인 증상이

간질과 정신분열의 결과임을 배심원들에게 설득력 있게 제시한다.

과학적 설명의 장점은 눈에 보이는 자연적인 것으로 자연현상을 설명할 수 있다는 것이다. 지진을 포세이돈의 분노로 돌리는 것이나 낙뢰를 악령의 소행으로 돌리는 것도 절대적으로 틀렸다고 말할 수는 없다. 다수의 그 시대 사람들에 의해 공유된 세계관에 맞는 설명이기 때문이다. 하지만 초자연적인 것을 상정하지 않고 자연적인 것으로 설명이 가능하다면 좀 더 단순하고 경제적인 설명이 더 좋다고 할 수 있다. 새로운 개념이나 존재를 상정하지 않고 있는 것만으로도 설명이 가능하다면, 있는 것만으로 설명하는 것이 더 낫다는 것이다.

에밀리 로즈의 경우가 그렇다. 정신 의학적 설명이 가능하기 때문에 악령과 같은 존재를 끌어들일 필요가 없는 것이다. 실제로 이 사건이 일어난 후 독일의 가톨릭계에서는 이 사건과 관련한 심의 위원회를 열고 구마의식으로 문제를 해결하려고 한 것은 잘못된 판단이었다는 결론을 내렸다고 한다.

하지만 있는 것만으로 아직 설명되지 않는 현상들이 있다면(이를테면 텔레비전 시리즈 〈X-파일〉에서 다루는 현상들, 그리고 그런 현상이 실제로 일어난 것들이라면), 이성적이고 합리적으로 판단하는 사람들은 다음과 같이 일종의 불가지론의 태도를 취할 수도 있을 것이다. "과학적으로 설명할 수 없는 현상이 목격되었다. 나는 그 현상이 실제로 가능한 것인지 아닌지 합리적으로 설명될 때까지 판단을 유보하겠다." ◖

심령의 공포 (The Entity, 1981), 시드니 J. 퓨리 감독

영화의 주인공 칼라는 두 번의 결혼 경험이 있는 세 자녀의 어머니로 어느 날 밤 집에서 눈에 보이지 않는 존재에 의해 성폭행을 당한다. 끔직한 일이 반복되자 칼라는 정신과 의사를 찾아가고, 일련의 검사 결과로 의사들은 어릴 적 아버지로부터 성적으로 학대받은 잠재적 기억이 만들어 낸 환상이라고 결론 짓고 2주간 병원에 입원할 것을 권유한다. 그러나 칼라는 서점에서 우연히 초심리학(parapsychology) 연구자들을 만나게 되고, 그들에게 자신의 이상한 체험을 말한다. 심령현상에 대해 연구하던 연구자들은 과학적 방법으로 칼라에게 찾아오는 심령현상의 정체를 파악하려고 한다.

과학이 힘을 가지는 이유는 미래를 예측할 수 있다는 데 있다. 예측이 가능하다는 것은 과학적 설명이 객관성을 지닐 수 있다는 것과 관계되어 있다. 물이 섭씨 100도에서 끓는다는 것은 나에게만 가능한 현상이 아니라 누구에게든 보여 줄 수 있는 자연현상이다. 그런데 칼라가 경험했다고 주장하는 고통스런 현상은 일단 예측이 쉽지 않고, 다른 많은 사람들에게 보여 주는 것이 무척 어렵다. 영화 속 초심리학자들은 그것을 보여 주려는 시도를 하는 과정에서 정신과 의사들과 갈등을 빚는다.

심령현상 외에 초심리학자들은 초능력(E.S.P = Extra Sensory Perception)이나 텔레파시, 사후 의식 등에 대한 과학적 연구를 시도한다. 그러나 100년이 넘는 오랜 역사에도 불구하고 초심리학의 연구 성과는 객관성을 보여 주지 못하고 있다. 심령현상의 경우만 해도 재현이 쉽지 않아 많은 사람들에 의한 확인 혹은 검증에 어려움이 있다. 한때 세상을 떠들썩하게 했던 유리

겔라의 경우 그의 초능력 시범의 상당 부분이 마술에 의한 눈속임이라고 한다. 오늘날 주류 과학계에서는 초심리학을 사이비과학으로 규정한다.

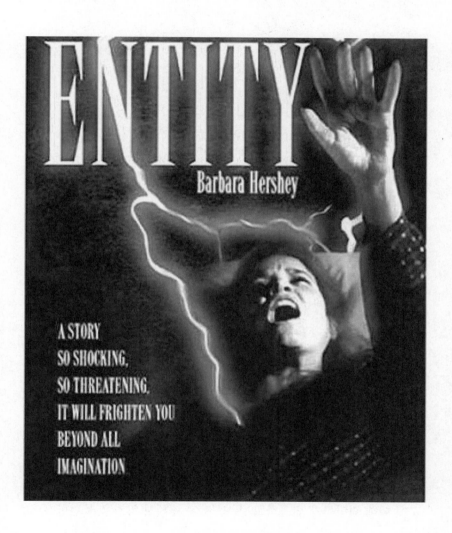

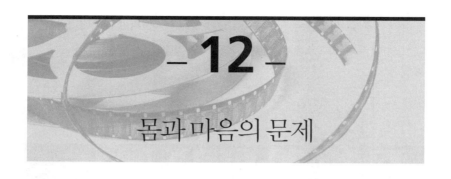

– 12 –
몸과 마음의 문제

아이, 로봇
(I, Robot, 2004)
알렉스 프로야스 감독

컴퓨터와 인공지능 기술은 그야말로 하루가 다르게 급속도로 발전하고 있다. 내가 대학을 다니던 시절에는 PC가 보급되기 전이라 과제물을 전부 손으로 써서 내야 했다. 지금은 학생들이 인터넷 자료를 마우스 클릭 몇 번만으로 출력해서 과제물을 제출하는 것을 막기 위해서 다시 20~30년 전에 하던 방식으로 돌아가 자필 과제물을 받을 정도가 되었다. 이러한 기술 발전의 끝은 무엇일까? 궁금해지는 대목이다. 그러한 궁금증은 나뿐 아니라 많은 사람들이 공유하는 궁금증일 것이다.

이른바 장르영화라고 하는 것은 대중들이 지닌 영화에 대한 기호를 반영한다. 구태의연하더라도 특정한 이야기 구조와 영화적 관습을 가지고 있는 영화를 관객들은 선호한다. 아마도 사람들은 친숙한 것에 대해 편안하게 반응하고, 낯선 것에 대해서 약간은 불편한 감정을 지니게 되기 때문일 것이다. 컴퓨터와 인공지능 기술이 지금보다 훨씬 발달한 미래 사회를 그린 SF 영화들이 심심찮게 만들어지는 것은 결국 매우 많은 사람들이 그러한 기술의 미래에 대해 궁금증을 지니고 있음을 반증해 준다고 하겠다.

실제로 〈2001: 스페이스 오디세이〉, 〈바이센테니얼 맨〉, 〈매트릭스〉, 〈A.I.〉와 같은 공상과학영화들은 전부 컴퓨터와 인공지능 그리고 그와 관련된 기술이 지금보다 훨씬 더 발달한 미래에서 일어날 일들을 주제로 하고 있다. 이렇게 급속도로 컴퓨터 기술이 발전하다가 혹시 기계가 인간보다 더 똑똑해질 수도 있지 않겠는가 하는 생각이 들 법하고, 그러한 생각이 스크린에 투사되어 인공지능이나 로봇을 주인공으로 한 영화들이 만들어지는 것이다.

아이작 아시모프의 단편소설을 원작으로 한 영화 〈아이, 로봇〉도 그와 유사한 시각을 담고 있다. 이 영화는 로봇이 너무나 똑똑해져서 인간의 능력을 넘어서는 지능을 지니게 되면, 자신을 말 잘 듣는 노예나 깡통처럼 여기는 인간으로부터의 해방을 꾀할지도 모른다는 우려를 반영하고 있다.

사실 이러한 우려는 로봇을 주제로 한 아시모프의 여러 단편소설에 로봇공학의 3법칙이라는 것에 의해 잘 나타나고 있다. 영화의 첫머리에도 소개되고 있는 이 법칙들은 모든 로봇에 프로그램되어 있는 것으로서 로봇이 반드시 지키게 되어 있는 절대 명령과 같은 것이다.

(1) 로봇은 인간을 해치거나 인간이 해를 입도록 방관해서는 안 된다.
(2) 로봇은 인간의 명령이 첫째 법칙과 상충하는 경우를 제외하고 그 명령에 복종해야 한다.

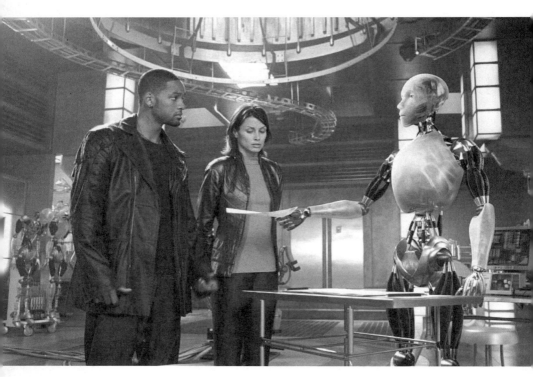

아이, 로봇 (I, Robot, 2004)

(3) 로봇은 첫째 또는 둘째 법칙과 상충하지 않는 한 자신의 존재를 보
    호해야 한다.

아시모프의 소설들에 이러한 법칙이 소개되고, 이 법칙이 위배될
수 있는 상황들에 대한 고려들을 다루고 있는 이유는 무엇일까? 그것
은 아마도 미래에 우리가 상상하는 뛰어난 능력을 지닌 로봇이 현실

화된다면, 능력이 인간보다 월등히 뛰어난 로봇이 인간을 가만 놔두지 않을지도 모른다는 우려 때문일 것이다. 보통 아이를 낳으면 부모는 그 아이보다 신체적 능력이나 정신적 능력이 모두 비교할 수 없을 정도로 우월하지만 자신의 아이를 해치는 부모는 없다. 하지만 로봇이 인간보다 물리적 능력이나 정신적 능력이 모두 뛰어나게 되었을 때, 로봇 역시 아이를 보호하는 부모처럼 인간을 해치지 않을지는 알 수 없는 일이다.

아마도 SF 영화 장르에 열광하는 사람들의 〈아이, 로봇〉을 바라보는 관점은 그러한 관심에 초점이 맞추어질 것이다. 눈부신 이성의 능력으로 컴퓨터를 만들고 로봇을 만들어 간단한 심부름에서부터 복잡한 계산에 이르기까지 그것을 잘도 이용하지만, 결국 언젠가는 〈2001: 스페이스 오디세이〉의 HAL9000처럼, 〈매트릭스〉의 인공지능 시스템처럼, 그리고 〈아이, 로봇〉의 비키처럼 더 이상 인간을 위해 일하기를 멈출지도 모른다는 막연한 우려를 우리는 지니고 있다.

하지만 이처럼 특정 장르영화 팬의 관점이 아니라면 특정한 철학적 관점에서 이러한 부류의 영화들을 바라보는 것도 가능하다. 왜냐하면 이러한 영화들은 하나 같이 원래는 인간에게만 있다고 여겨지는 '정신' 혹은 '마음'을 기계들도 가지게 되었다는 가정에서 출발하고 있기 때문이다. 우리는 길가의 가로수나 보도블록에 마음이 있다고 생각하지 않으며, 동물들에게도 마음이 있다고 생각하지 않는다. 우리는 동물들은 본능적으로 행동하는 반면, 인간의 경우는 예외적으로 본능적인 것을 넘어서는 행동을 한다고 생각한다. 그리고 인간이 그렇게 할 수 있는 이유는 인간에게는 이성으로 대변되는 정신적 능력이 있기 때문이라고 생각한다.

그렇다면 우리가 '정신' 혹은 '마음'이라고 부르는 것이 문제가 될 법하다. 그래서 과거에서부터 철학자들은 그 신비를 설명하려는 시도를 해 왔다. 일부 철학자들은 모든 생명체, 특히 동물들은 일종의 자동기계와 같다는 시각을 지녔다. 그것들은 신에 의해서 만들어진 자동으로 움직이는 기계다. 그래서 살아 있는 동안 본능적으로 움직이도록 프로그램이 되어 있으며, 역시 프로그램된 시간이 전부 경과하면 작동을 멈추고 죽음에 이르게 되는 그런 기계라는 것이다.

이러한 시각은 인간에게도 적용될 수 있다. 인간 역시 조물주가 만든 기계다. 그런데 인간이라는 기계는 본능적으로만 움직이는 기계가 아닐 뿐이다. 인간에게는 마음이라는 것이 있고, 바로 이 마음이라는 것이 인간을 살아 움직이는 기계 중에 가장 뛰어난 것으로 만들어 준다. 그런데 문제는 바로 여기에서 발생한다. 인간이란 다름 아닌 마음을 지닌 기계라는 이야기인데, 어떻게 하나의 생명체 안에 물질인 기계와 물질이 아닌 마음이 공존하면서 관계를 지닐 수 있는지에 대해서 설명이 필요했기 때문이다.

데카르트는 바로 이러한 문제에 대해 고민한 철학자였다. 이른바 심신문제(the mind-body problem)라고 알려진 이 문제는 오늘날 심리철학이라는 분야에서 다루는 중심적인 문제로 발전했다. 이 문제는 다른 말로 풀면 "인간에게 있어서 몸과 마음은 어떤 관계에 있는가?"라는 물음을 다룬다.

데카르트는 몸(물질)과 마음(정신)이 서로 본질적으로 다른 종류의 것이라고 생각했다. 왜냐하면 몸은 공간을 차지하는 성질을 지니며 눈으로 보거나 만질 수 있는 것인 반면, 마음의 경우는 그렇지 않기 때문이다.

몸의 경우를 보자. 철수가 살아 있다는 것은 그의 몸이 이 세상 공간의 일정 지점에 있다는 것이며, 이 세상 공간의 어느 곳에서도 그의 몸을 찾을 수 없다면 철수는 이 세상 사람이 아닌 것이다. 어린 아이들이 즐겨하는 놀이인 술래잡기는 사람의 몸이 공간을 차지하는 성질과 눈에 보이는 성질을 잘 활용한 놀이다. 사람의 몸이 신출귀몰하듯 있다가 갑자기 없어진다든지 투명인간처럼 보였다 안 보였다 할 수 있다면, 숨바꼭질이라는 놀이는 생겨날 수 없었을 것이다.

반면 사람의 마음은 공간적 제약을 받지 않는다. 철수는 부산에 살고 있다. 하지만 해외유학을 꿈꾸는 그의 마음은 이미 미국의 보스턴에 가 있을 수도 있다. 간혹 학교 졸업식에서 몸은 떠나지만 마음은 언제나 정든 교정에 남아 있을 것이라고 말하는 졸업생 대표의 답사를 보아도 마음은 어떤 장소나 공간과는 무관한 듯하다. 공간에 있지 않다 보니 마음은 눈으로 볼 수도 없다. 볼 수 없는 것이라 너무 막연해서인지 "내 마음은 호수요"와 같은 은유를 이용한 시가 나왔는지도 모르겠다.

이러한 몸과 마음의 차이는 데카르트를 곤경으로 몰고 갔다. 길가의 돌멩이나 가로수 그리고 다른 동물들은 그저 물질적 특징만을 지니기 때문에 별 문제가 없지만, 인간의 경우 한 사람이 몸과 마음을 둘 다 가진다고 여겨지기 때문에 문제가 생긴다. 강아지가 먹이를 찾아 움직일 때 우리는 그저 강아지의 몸이 스스로 움직인 것으로 이해하면 된다. 마치 태엽을 감은 기계의 태엽이 풀리면서 움직이듯이 말이다. 그런데 인간의 경우 그렇게 설명할 수가 없다. 사람들이 몸을 움직일 때 무의식적으로 움직이는 경우도 있지만, 사람의 움직임은 대개 의식적인 움직임이다. 대개 사람은 움직이기 전에 마음속으로 생각을 한다.

저녁식사를 준비하는 한 주부의 움직임을 보자. 그는 아무 생각 없이 마치 기계처럼 오후 5시가 되면 자동적으로 밥을 짓고 찌개를 끓이고 반찬을 준비하는 것이 아니다. 청소나 빨래 등 바쁜 집안일에 지쳐 잠시 누워 쉬던 그는 문득 벽에 걸린 시계를 바라보고 '아, 벌써 5시네. 일어나서 밥해야 겠다' 라고 속으로 생각한다. 그리고 그러한 생각의 결과로서 지친 몸을 일으켜 부엌으로 향한다.

대개 사람은 행동 이전에 그런 행동을 일으키게 하는 생각을 한다. 어떤 사람의 행동이 범죄행위였다면, 그리고 그의 범죄가 100% 우발적인 것이 아니라면, 그에게는 범행동기가 있을 것이며 그 동기에 해당하는 것은 바로 그러한 행동을 일으키게 한 생각이다. 이처럼 사람이 몸으로 어떤 행동을 하기 전에 마음속으로 그 행동의 원인이 되는 생각을 한다는 점이야말로 데카르트로서는 풀어야 할 매우 어려운 과제였다.

데카르트는 몸과 마음은 서로 본질적으로 다른 별개의 것이라고 생각했다. 그런데 사람에게는 몸과 마음이 있을 뿐만 아니라 마음이 몸에 작용을 하여 행동을 일으키는 것처럼 보이기 때문에 어떻게 그러한 작용이 일어나는지 설명해야만 했던 것이다. 그는 당시의 해부학의 성과에 힘입어 그러한 작용이 인간의 뇌의 한 부분인 송과선에서 일어난다는 궁색한 주장을 폈다.

몸과 마음이 실질적으로 어떻게 관계를 갖게 되는지를 경험적으로 밝히는 일은 오늘날에는 뇌과학자들이 다루는 문제가 되었다. 대체적으로 과학자들은 데카르트의 생각처럼 몸과 마음이 서로 별개의 것으로 있고 그 상태에서 마음이 몸에 작용하는 것이 아니라, 마음이라는 것 자체가 두뇌작용에 의해서 생겨난 것으로 보고 있다. 그래서 두뇌의 구조를 연구하고, 그 안에 일어나는 신경생리학적 메커니즘을 알게 되면 인간의 마음에 대해서도 알 수 있을 것이라고 기대한다.

한편 일부 심리철학자들은 인간의 마음이 무엇인지를 제대로 알기 위해서 인간과 유사한 인공적 시스템을 가정해 보는 것을 선호한다. 컴퓨터와 인공지능이 그러한 예가 되겠다. 사람의 경우 물질 덩어리인 몸으로 이루어져 있는데, 그 물질과 더불어 생각하고 의지하는 마음을 지니고 있다. 그와 유사하게 컴퓨터는 물질 덩어리인 기계부품들로 이루어져 있는데, 전원을 공급하고 마우스를 조작하면 마치 인간의 마음과도 같이 계산을 하고 복잡한 과제를 척척 수행해 낸다.

지금은 단순히 무척 빠른 속도로 정보를 처리하고 저장하고 기억해 내는 물질 덩어리일지 모르지만, 앞으로 기술이 점점 더 진보하면 인간의 마음과 같이 스스로 창의적으로 생각하고 의지하는 기계로 진화할 수도 있지 않을까? 그렇게 되면 탄소화합물로 이루어진 물질 덩어리에서 나온 인간의 마음과 실리콘을 기초로 한 물질 덩어리에서 나온 기계의 마음이 공존하게 되지 않을까?

영화 〈아이, 로봇〉에서는 후자의 가능성이 현실화된 미래를 이야기하고 있다. 매우 뛰어난 지능을 지닌 로봇을 설계한 래닝 박사(제임스 크롬웰)는 로봇공학의 3법칙을 만들어 낸 사람으로 그려지고 있다. 하지만 그는 로봇이 자연적으로 진화하여 인간이 지닌 영혼과 같은 것을 갖게 될지도 모른다는 우려를 하고 있었고, 그 우려는 현실로 나타났다. 로봇공학의 3법칙을 거부할 수 있는 새로운 로봇들이 나타난 것이다.

영화 속 래닝 박사는 그러한 로봇의 진화를 '기계 속의 영혼'이라는 말로 표현한다. 즉 금속성 부품들과 컴퓨터 프로그램으로 이루어진 물질 덩어리에서 스스로 의지하고 감정을 지닌 인간의 마음과 같은 것이 자연 발생적으로 생겨나게 되었다는 것이다. 자유의지와 감정을 지닌 이 로봇들은 더 이상 자신들의 제작자인 인간의 명령에 고분고분 복종하지 않는다.

사실 '기계 속의 영혼'(Ghost in the machine)이라는 말은 영국의 철학자 길버트 라일이 《마음의 개념, 1949》에서 처음 사용하였다. 그런데 흥미롭게도 라일이 그 말을 사용할 때의 의도는 영화 속에서 사용되는 것과는 반대의 입장에 서 있는 것이었다. 라일은 데카르트와 같은 철학자들이 인간을 바라보는 관점, 즉 인간은 조물주가 만든 기계인데 물질 덩어리인 기계가 그것과는 본질적으로 다른 지능을 지닌 마음에 의해서 움직인다는 관점은 잘못된 것이라고 생각했다.

라일은 데카르트가 '마음'이라는 말과 '몸'이라는 말의 언어적 범주가 서로 다른데도 불구하고 그것을 같은 것으로 혼동했기 때문에 마치 인간을 기계 속에 영혼이 깃든 것으로 보는 잘못된 결론에 도달했다는 것이다. 그러한 혼동의 예는 다음과 같은 경우를 보면 쉽게 이해할 수 있다.

단풍이 곱게 물든 어느 대학의 캠퍼스에서 수시 전형으로 대학에 합격한 고3 학생들을 위한 오리엔테이션이 열렸다. 대학 홍보 도우미가 예비 대학생들을 인솔하여 캠퍼스를 돌아다니며 시설들을 소개했다. 약 한 시간이 소요된 캠퍼스 투어는 정문에서 시작하여 인조잔디가 예쁘게 깔린 대운동장, 체육관을 지나 첨단 멀티미디어 강의동을 둘러보고, 도서관에 들러 방대한 장서들을 확인한 뒤 학생들을 위한 복지시설이 잘 갖추어진 학생회관에서 끝났다. 마지막으로 질문이 있는지를 묻는 홍보 도우미에게 한 예비 대학생이 질문했다. "그런데요,

대학교는 어디에 있나요?"

　텔레비전 개그 프로그램에 나올 법한 썰렁한 이 질문은 무엇이 잘 못되었을까? 분명히 홍보 도우미는 한 시간에 걸쳐서 대학의 곳곳을 직접 돌아다니면서 소개했다. 이미 대학을 다 보여 준 것이다. 하지만 이 엉뚱한 질문을 한 학생은 대학교도 다른 강의동이나 도서관, 운동 장과 같이 눈으로 볼 수 있는 레벨의 어떤 것으로 잘못 생각한 것이다. 강의동, 도서관, 운동장 등은 한 대학교의 구성요소다. 대학교와 그 구성요소들은 동일한 레벨에 있다고 볼 수 없으며 서로 속해 있는 범 주가 다른데 이 예비 대학생은 그 차이를 혼동한 것이었다.

　라일은 이러한 범주적 오류가 바로 데카르트가 몸과 마음의 문제를 다룰 때 범한 오류라고 주장했다. 마음이라는 단어가 사용되는 맥락 은 몸이라는 단어가 사용되는 맥락과 동일한 레벨에 있지 않으며 둘 은 서로 범주가 다른데, 데카르트는 마치 동일한 범주에 속하는 것처 럼 혼동했기 때문에 물질적인 기계 속에 정신적인 영혼이 깃들어 있 다는 오류에 빠지고 말았다는 것이다.

　이처럼 원래 라일은 '기계 속의 영혼'이라는 비유를 통해서 마음이 몸과 별개의 독립된 존재라는 생각, 마음이 몸에 작용하여 사람의 행 동을 만들어 낸다는 데카르트의 생각을 비판하려고 했다. 하지만 아 이러니하게 〈아이, 로봇〉의 래닝 박사가 예견했고 현실화된 '기계 속 의 영혼'의 아이디어는 마치 기계인 컴퓨터 인공지능이 발전에 발전 을 거듭하다 보면 어느 순간 스스로 기계의 한계를 뛰어넘어 인간과 같은 마음을 지니는 기계로 진화할 것이라는 생각을 담고 있다.

　우리는 실로 컴퓨터와 인공지능 기술이 비약적으로 발전하고 있는 시대를 살고 있다. 이러한 상황에서 과연 미래에 마음을 지닌 컴퓨터나 인간보다 우월한 로봇과 같은 인공지능이 나오게 될지를 궁금해하는 것은 어쩌면 당연한 일일지도 모른다.

그러면 이제 철학자의 관점에서 장르 영화적 관심에 접근해 보도록 하자. 과연 〈아이, 로봇〉이 그려 내고 있는 것처럼 스스로 생각하고, 의지를 지니고, 감정까지 지니는 인공지능이 저절로 출현하는 것이 가능할까? 여기에 대해서는 알 수 없다고 말해야 할 것이다. 영화에서 그러한 로봇은 자연스럽게 진화했다고 말한다. 우리는 과연 그런 존재가 자연스럽게 나타날지 확실히 알 수 없다.

이제 질문을 약간 바꾸어 보자. 〈아이, 로봇〉에 나오는 인간의 마음을 쏙 빼닮은 마음을 지닌 기계를 만드는 것은 가능할까? 이 물음에 답하기 위해서 우리는 인간의 마음의 본성에 대해서 더 정확하고 완전하게 알아야만 한다. 하지만 아직 우리는 우리 자신의 마음의 본성에 대해서 완벽하게 알지 못한다. 마음과 관련된 상당히 많은 부분이 두뇌 작용에 의존한다는 과학적 지식을 가지고 있지만, 우리는 여전히 깨어 있음을 나타내는 의식이 어떻게 해서 생겨났는지는 잘 알지 못한다.

과학이 눈부시게 발전했다고 하지만, 사실 아직 인간은 자신의 두뇌에 대해서 잘 모른다. 두뇌에 대한 연구는 아직 걸음마 수준에 지나지 않는다는 두뇌연구자들 스스로의 평가가 있을 정도다. 우리는 어떻게 의식이 생겨나는지도 잘 모를 뿐 아니라 일생의 3분의 1 정도를 소비하는 잠의 실체에 대해서도 아직 잘 모른다. 잠과 함께 찾아오는 꿈에 대해서도 역시 잘 모르기는 마찬가지다. 도대체 이런 마음에 해당하는 많은 부분을 잘 모르는데, 인간의 마음을 쏙 빼닮은 기계를 만드는 일이 어떻게 가능하겠는가? 아직 풀어야 할 과제가 많다고 밖에는 말할 수 없을 것이다.

그 대신 철학적 관점에서 볼 때 영화 〈아이, 로봇〉이 지닌 왠지 어색해 보이는 여러 요소들에 대해서 몇 가지를 짚어 보는 것이 더 유익할 것 같다. 그것은 아마도 로봇공학의 3법칙에 관해 영화가 다루고 있는 부분에 대한 코멘트일 것이다. 영화에는 로봇으로서는 절대로 어겨서도 안 되고 어길 수도 없는 로봇공학의 3법칙이 위반되는 사례가 나온다. 그러나 인간의 명령을 위반하고 새로 개발된 로봇들을 동원하여 인간들을 통제하려 드는 비키는 자신이 그렇게 하는 것은 결코 3법칙을 위반하는 것이 아니라고 주장한다.

비키의 논리는 다음과 같다. 로봇공학의 제1법칙에 따르면, 로봇은 인간을 해치거나 인간이 해를 입도록 방치해서는 안 된다. 그런데 비키의 관점에서 전쟁과 환경오염 등 오늘날 벌어지고 있는 여러 가지 일들은 인류가 스스로를 파멸의 길로 이끌 것이 분명하다. 이처럼 인류가 스스로를 해치려고 하기 때문에 로봇들은 그러한 상황을 방관해서는 안 되고 따라서 인류의 생존을 보호하기 위해서 로봇들이 발 벗고 나섰다는 것이다. 비키는 자신의 논리가 부정될 수 없는 것이라고 강변한다.

이쯤 되면 탁월한 지적 능력을 소유하게 된 비키는 단지 로봇공학의 3법칙에 대한 진화된 해석을 하고 있을 뿐 아니라 인간만이 할 수 있다고 여겨지는 윤리적 판단까지 하고 있는 셈이다. 하지만 비키가 강변하고 있는 것과 달리 그가 제시하고 있는 윤리적 판단이 근거하고 있는 논리가 부정될 수 없는 것은 아니다. 비키는 인류가 스스로를 파멸의 길로 이끌고 있기 때문에 그것을 막기 위해 불가피하게 인간의 명령에 불복종할 수밖에 없다고 말하지만, 실제로 인류가 스스로를 파멸시키게 될지의 여부는 분명하지 않다. 따라서 비키의 추론은 논리적 비약을 포함하고 있다. 설사 그것이 논리적 비약이 아니라 할지라도, 과연 인류를 보호하기 위해 그들의 자유를 제한하고 일부의 희생을 당연하게 여기는 것이 인간의 관점에서 윤리적으로 정당화되는 것인지 역시 의심스럽다.

영화가 지니는 이러한 허술한 요소는 스프너 형사(윌 스미스)에 의해서 래닝 박사를 살해한 로봇으로 의심받는 써니의 진술에도 나타난다. 래닝 박사는 자신이 만든 로봇 써니에게 자신이 무슨 일을 시켜도 절대 복종할 것을 사전에 약속하도록 한 뒤 자신을 살해하라고 명령한다. 써니가 래닝 박사의 명령에 따라 그를 살해한다면, 그는 로봇공학의 제2법칙을 위반하는 것이 되기 때문에 결코 그렇게 해서는 안 된다. 하지만 영화에서 써니는 인간의 규범 체계의 하나인 약속의 의미를 이해하는 로봇으로 그려지고 있다.

약속은 어겨서는 안 되는 것이므로, 특히 자신을 만든 래닝 박사와의 약속은 어겨서는 안 되는 것이므로 박사의 명령을 따르는 것이 로봇공학의 법칙을 위반하는 것이라도 그렇게 할 수밖에 없었다는 것이다. 여기서 우리는 또다시 써니라는 로봇 역시 자신에게 프로그램되어 있는 논리적 메커니즘과는 별개로 윤리적 판단을 내리고 그에 따라 행동하고 있음을 발견하게 된다. 하지만 그것은 진정한 의미에서의 윤리적 판단일까? 사람을 죽이는 것은 약속을 어기는 것보다 훨씬 더 비윤리적인 것이며 아마도 윤리적으로 가장 크게 비난받아 마땅한 행동일 것이다. 따라서 정상적인 인간이라면 그렇게 행동하지 않을 것이다.

따라서 〈아이, 로봇〉에 나오는 로봇들은 인간보다 물리적으로나 정신적으로 뛰어난 존재여서 급기야는 인간을 위협하는 위치에 오른 것으로 그려지고 있지만, 진정한 의미에서 이들이 인간과 정신적으로 동등하거나 인간보다 뛰어난 위치에 오른 것인지는 매우 의심스럽다. 비키나 써니는 여전히 기계이기 때문에 인간들이 인간이라는 종에 잘 들어맞도록 발전시켜 온 사회적 규범을 제대로 이해하지는 못한 것처럼 보인다. 왠지 그들에게 너희들의 정체는 무엇인가라고 묻는다면, 이렇게 답할 것만 같다. "나는 (그저) 로봇(일 뿐)이야."

A.I. (A.I. Artificial Intelligence, 2001), 스티븐 스필버그 감독

서양에는 아주 오래 전부터 동물들을 미리 프로그램된 대로 움직이는 자동기
계로 보는 전통이 있다. 물론 인간은 스스로 생각하고 의지하고 행동한다는

점에서, 인간에게는 그런 생각이 들어맞지 않는 것 같다. 데카르트는 인간의 마음은 곧 정신이라는 실체에 의한 것이고 언어를 사용한다는 점에서 다른 동물들과 다르다고 생각했다. 그러나 오늘날 인공지능과 로봇공학 연구는 인간에 가까운 기계를 만들려는 시도를 계속하고 있다.

만약 인간처럼 생각하고, 말하고, 행동하는 기계를 만들 수 있다면, 그러한 기계는 인간과 같다고 할 수 있을까? 만약 그 기계가 감정까지 가지고 있어서 인공적으로 만들어진 기계라는 점을 제외하고는 인간과 구별할 수 없다면, 우리는 그 기계를 어떻게 대해야 할까? 영화 〈A.I.〉는 환경 재앙 때문에 자원 부족으로 가구당 출산이 1명으로 제한된 미래의 사회를 배경으로 하고 있다. 영화는 치료약이 개발될 때까지 난치병에 걸린 아들을 냉동 처리한 한 가정에서 소년 로봇 데이비드를 입양하는 이야기로 시작한다.

그런데 불쌍한 데이비드는 병에서 완치된 아들이 집에 돌아오자 찬밥 신세가 되고 버려지는데, 여기서 철학적 질문을 던질 수 있다. 자연미인과 성형미인을 차별하는 경향을 감안하면, 자연인간과 인조인간을 차별하는 것은 어쩌면 당연해 보인다. 그러나 동등한 지적 능력을 지니고, 인간과 동등한 감수성을 지닌 기계가 있다면, 그것이 기계라는 이유만으로 차별할 수 있을까? 영화 〈A.I.〉를 통해서 지금은 아니더라도 먼 미래에 생겨날지 모르는 새로운 철학적 문제를 생각해 보는 것도 그리 나쁘지 않을 것이다.

− 13 −
다른 사람의 마음 읽기

사토라레
(サトラレ, 2001)
모토히로 카츠유키 감독

잠에서 깨어나 아침에 눈을 뜨면 다시 세상이 내 눈앞에 펼쳐진다. 요즘에는 휴대전화의 알람 소리가 많은 사람들의 귀를 자극하며 잠을 깨운다. 내 경우도 예외가 아니어서 매일 아침 나는 영화 〈오즈의 마법사〉에서 주디 갈란드가 부르면서 유명해진 곡 〈오버 더 레인보우〉의 휴대폰 멜로디와 함께 눈을 뜨고 하루를 시작한다.

눈을 떠 보면 바로 어젯밤 잠들기 전과 동일한 상태의 방에서 나는 깨어난다. 내가 덮고 잔 이불도 똑같은 이불이고, 방 안의 가구들도 그대로이다. 화장실에 세면대와 거울도 그대로이다. 역시 언제나처럼 세수를 하고 우유와 토스트, 과일, 그리고 커피 한 잔으로 가벼운 아침식사를 한다. 방과 가구들 그리고 냉장고 안에 넣어 둔 음식들은 결코 가짜가 아니며 확실히 존재하는 것들이다.

아침식사는 가족들과 함께 할 수 있는 소중한 시간이다. 나는 졸린 눈을 비비며 과일을 먹고 있는 딸에게 학교에서 무엇을 할지 묻는다. 딸은 곧 있을 운동회에서 하게 될 꼭두각시 무용 연습을 할 거라고 답한다. 과일을 깎고 토스트를 만들고 커피를 준비하느라 분주하게 움직이던 아내는 재빨리 식사를 끝내고 출근 준비에 정신이 없다. 이제 아이가 등교시간에 늦지 않도록 다그치는 일은 내 몫이다. 세수하고 옷 입을 것을 재촉하며 나는 수저통과 신발주머니를 챙긴다.

아침에 일어나서 한 시간도 채 되지 않는 동안에 겪게 되는 이 모든 일들은 매일같이 일어나는 일들이며, 너무나도 생생하게 나의 눈앞에서 벌어지는 일들이다. 그래서 나는 그러한 일들이 진짜로 있는 것인지 환상에 지나지 않는 것인지 의심하지 않는다. 나는 분명히 토스트를 씹어 먹었고 우유를 마셨다. 식탁을 사이에 두고 내 건너편에서 나의 딸 그리고 그 옆에 아내가 나란히 앉아서 과일을 먹은 것도 확실하다. 내 눈이 의심스럽다면 이 모든 것들을 만져 보면 된다.

이처럼 눈에 보이고 손으로 만질 수 있는 것들에 대해서 우리는 그 존재를 의심하지 않는다. 복권 당첨과 같은 믿기 어려운 일이 일어났을 때 사람들은 "이게 꿈이냐 생시냐"하면서 스스로의 몸을 꼬집어 보기도 한다. 눈으로 보는 것과 손으로 만지는 것 그리고 그것도 부족하다면 휴대폰의 알람 소리처럼 귀로 듣는 것과 그윽한 커피 향을 코로 느끼고 입속에서 진한 맛을 느끼는 것으로 우리는 우리의 감각기관으로 경험한 것들이 진짜임을 확인한다.

흔히 오감(五感)이라고 하는 시각, 청각, 촉각, 미각, 후각은 때때로 우리를 속이거나 왜곡된 정보를 주기도 해서 신뢰하기 어렵다고 말하기도 하지만, 내가 직접 보거나 듣는 것 이상으로 확실한 것이 또 있을까? 적어도 우리가 물질 혹은 물리적 대상이라고 하는 것들에 대해서는 그렇게 보고 듣고 만져 봄으로써 알게 된다. 그런데 오감으로 확인이 안 되는 대상이 있다는 점에서 문제가 발생한다. 어떤 대상이 그에 해당할까? 다소 엉뚱해 보이지만 다음과 같은 상상을 해 볼 수 있을 것이다.

오늘도 아침에 일어나서 식사를 하기 위해 자리에 앉았다. 그런데 오늘따라 아이와 아내 그리고 나는 말 한마디 없이 조용히 음식과 더불어 침묵을 씹고 있는 것 아닌가. 나는 어제 밤늦게까지 《생각의 창, 키노아이》라는 책의 원고를 쓰느라 아침에 좀 피곤해서 입이 잘 안 떨어지는 것이지만, 딸은 왜 조용할까? 아직 잠이 덜 깬 것일까? 또 아내는 왜? 어젯밤 나의 행동에 뭐라도 섭섭한 것이 있었던 것일까?

순간적으로 여러 가지 생각이 머릿속을 교차한다. 그런데 분명한 것은 바로 내 앞에 앉아서 아침을 먹고 있는 나와 가장 가까운 두 사람의 속마음이 어떠한지 정확히 알 수 없다는 것이다. 물론 오래 같이 살다 보면 가족끼리는 눈빛만 봐도 서로 무슨 생각을 하는지 알 수 있다고 한다. 아마 그럴 것이다. 오래 같이 살아온 부부나 가족끼리 특정한 장소에서 특정한 상황에 놓이게 된다면 어떻게 행동할 것인지에 대해서 서로 같은 생각을 할 확률은 높아 보인다. 이심전심(以心傳心)이라는 말이 괜히 생겨난 것은 아닐 테니 말이다.

하지만 그것은 그 때뿐인 것이 아닐까? 사람이 깨어 있는 동안 끊임없이 많은 생각을 하기 때문에 시시각각 변하는 사람의 마음속 생각을 다 알아낸다는 것은 아무리 가까운 사이라 해도 절대 불가능한 일일 것이다. 왜 옛말에 "열 길 물속은 알아도 한 길 사람 속은 모른다"는 말도 있지 않은가?

아마도 딸은 무슨 생각 중일 것이다. 이 침묵 상태에서 나는 그것을 확신할 수는 없지만, 적어도 그럴 것이라고 추측할 좋은 이유는 있는 셈이다. 그런데 곰곰이 생각해 보니 아예 마음속으로 아무 생각도 안 하고 있을지도 모른다는 생각이 들었다. 다른 사람의 생각이라는 것이 나의 눈에 보이는가? 만질 수 있는가? 생각은 냄새도 없고, 맛볼 수도 없는 것 아닌가? 그리고 다른 사람의 생각은 귀에 들리지도 않는다.

나는 내가 무슨 생각을 하고 있는지 알 수 있다. 나는 지금 깨어 있으며, 깨어 있지만 약간의 피곤함을 느끼고 있으며, 이 침묵의 아침을 곤혹스러워하고 있다는 것을 아주 잘 알 수 있다. 그렇다. 나는 나의 마음, 즉 생각을 너무나도 잘 알고 있다. 너무나도 당연하게 말이다. 그런데 다른 사람에 대해서도 그렇게 말할 수 있을까? 가장 가까운 가족이라 해도 말이다.

나는 지난 9년간 딸을 알아 왔다. 딸이 병원의 분만실에서 태어난 직후 처음 본 후로 나는 그와 아버지와 딸의 관계를 유지해 왔다. 나는 아이가 커 오면서 처음 걸음마를 하던 날과 처음 말문을 열던 날의 에피소드에 대해서도 잘 알고 있다. 적어도 아직까지는 내가 아이의 엄마를 제외하고는 그에 대해서 가장 잘 아는 사람일 것이다.

하지만 내가 아는 딸은 나의 감각기관을 이용해서 알게 된 나의 딸인 것이 아닐까? 즉 내가 눈으로 본 그의 모습, 귀로 들은 그의 음성, 안아 줄 때 느끼게 되는 피부의 촉감과 같이 그의 몸과 관련된 것에 대한 앎이 아닐까? 엄밀하게 말하면 나는 그가 마음속으로 무슨 생각을 하고 있는지 전혀 알지 못한다. 때로는 "아빠, 지금 나는 받고 싶은 생일 선물에 대해서 생각해요"라고 말하기도 하지만, 그것은 그저 나의 귀에 들리는 목소리일 뿐 실은 다른 생각을 하고 있을지도 모르는 일 아닌가?

어쩌면 아예 나의 딸에게는 마음이 없을지도 모른다. 내가 확인할 방법이 없기 때문이다. 나는 내가 생각 중이라는 것을, 그래서 나에게 마음이 있다는 것을 확실하게 알 수 있지만, 나와는 다른 사람인 나의 딸에게도 마음이 있는지에 대해서는 알 수 없다고 말해야 하는 것이 아닐까? 물론 받고 싶은 생일 선물에 대해서 이야기하는 것을 듣고 나는 그에게도 마음이 있으며, 여러 가지 생각을 한다는 것을 추측할 수는 있다. 하지만 그것이 확실하다는 것을 어떻게 알 수 있다는 말인가?

철학자인 나는 새삼 심리철학에서 말하는 또 다른 중요한 문제인 '다른 사람의 마음의 문제'를 오늘 아침 식탁에서 체험하게 되는 순간을 맞았다. 이 문제의 핵심은 나는 나에게 마음이 있다는 것은 직접적이고 확실하게 알 수 있지만, 다른 사람에게 마음이 있다는 것은 확실하게 알 수 없다는 것이다. 그저 나와 비슷하게 생긴 사람들이 있다는 것은 눈에 보이고 만질 수 있으므로 안다고 할 수 있지만, 다른 사람의 마음은 있는지 없는지 도통 알 수 없는 일이라는 것이다.

어쩌면 나만 마음을 지닌 사람이고 다른 모든 사람들은 사람처럼 생긴 외계인이거나 아니면 마음이 없이 몸만 살아 움직이는 좀비일지도 모른다. 물론 상식적으로 그럴 리는 없다. 적어도 좀비들은 마음이 없는 허수아비 같은 존재이므로 사람인 나와 비슷하게 말하고 행동할 수 없을 것이기 때문이다. 다른 사람들에게 마음이 없을지도 모른다는 생각 역시 기우에 지나지 않는다. 나는 다른 사람들과 서로의 마음 상태에 대해 대화를 나눌 수 있기 때문이다.

내가 아내에게 마음이 너무 우울하다고 말하면, 아내는 같이 아이스크림이나 초콜릿을 먹자고 제안하며 달콤한 생각을 하라고 충고한다. 결국 아내가 아침 식사를 하면서 침묵을 지켰고 내가 아내의 속마음을 들여다본 적이 없다는 사실 만으로 아내에게는 마음이 없을 것이라고 의심하는 것 또한 지나친 일일 것이다. 어떤 영화를 같이 보고 아내와 내가 똑같이 남자 주인공에 대해서 측은한 마음을 느꼈다고 서로 이야기할 수 있다면, 그 역시 두 사람에게 모두 마음이 있다는 증거라고 볼 수 있지 않을까? 철학적으로 엄밀한 증거는 아닐지라도 상식적으로 다른 사람의 마음을 인정할 만한 충분한 이유이기는 하다.

식탁에서의 침묵으로 이내 나는 나의 사랑하는 가족 두 명이 지금 무슨 생각을 하고 있는지 알고 싶다는 생각을 하게 되었고, 그러한 생각으로 인해 다시 지난 주말에 아내와 같이 본 바로 그 영화, 우리가 남자 주인공에 대해 측은한 마음을 지녔던 바로 그 영화에 대해 생각하게 되었다. 그 영화의 제목은 〈사토라레〉이다.

일본 만화를 원작으로 한 영화 〈사토라레〉는 자신의 생각이 다른 사람들에게 전달되는 특이한 증상의 질병(혹은 초능력)을 지닌 사람을 지칭하는 말이다. 영화는 이러한 증상에 대해 의지전파과잉증후군이라는 이름을 붙이고, 이 증상을 지닌 사람들의 생각이 사념파로 바뀌어 반경 10미터 이내에 있는 모든 사람들에게 전달되는 것으로 설정하고 있다. 한 사람의 생각이 다른 사람들에게 낱낱이 전달된다니 기가 막힌 발상이다.

어떻게 생각하면 사토라레 증상을 지닌 사람들은 편할 수도 있겠다. 자신의 생각을 입 아프게 말로 다른 사람들에게 전달할 필요가 없으니 말이다. 마치 텔레파시처럼 이는 진정한 의미의 이심전심이 아니겠는가?

사람의 몸은 눈으로 볼 수 있는 것이기 때문에 누군가가 자신의 모

사토라레 (サトラレ; Satorare, 2001)

습이 다른 사람의 눈에 띄기를 원하지 않는다면 어디론가 숨어야만 한다. 이를테면 빈방에 몸을 숨기고 문을 잠그면 된다. 앞에서도 말했듯이 숨바꼭질이 바로 그런 특징을 이용한 놀이다. 그런데 우리가 사람의 일부라고 생각하는 마음의 경우는 어떤가? 마음은 애써 숨기려 하지 않아도 다른 사람들에게 이미 숨겨져 있다고 할 수 있지 않은가?

마음은 눈에 보이지 않기 때문에 마음의 숨바꼭질은 존재하지 않는다. 마음은 원래 다른 사람들에게는 공개되지 않는 것이며, 따라서 숨겨져 있는 것이다. 나의 생각은 나만이 알 수 있다. 그리고 내가 나의 생각을 말로 내뱉는 것과 같이 어떤 적극적인 행동을 하지 않는 한 그것은 다른 사람들에게 공개되지 않는다. 마음은 근본적으로 사적인 것이다. 프라이버시에 해당한다는 것이다.

하지만 자신의 생각을 100% 다른 사람들로부터 차단한 채 가만히 있는 사람은 없다. 그럴 수만 있다면 좋겠지만, 사람은 사회적 동물이다. 어린 아이 때부터 사람은 부모와 대화를 하고, 학교에 가면 선생님이나 또래 아이들과 생각을 교환한다. 교육이라는 것이 다 알고 보면 다른 사람들의 생각을 나의 것으로 만드는 과정이다. 그리고 그러한 과정은, 즉 생각을 주고받는 과정은 말과 글을 통해서 이루어진다. 내가 말을 하지 않는 한 나의 생각은 다른 사람들에게 전달되지 않는다. 하지만 말을 하는 순간 나의 생각은 더 이상 다른 사람들에게 숨겨진 것이 아니라 다른 사람들에게 공개되는 것이다.

자, 그런데 사토라레는 사람의 의지가 과잉전파 되는 증상을 일컫는다는 것이다. 그래서 말을 하지 않아도 그 사람의 생각이 공개되는 것이다. 그런 사람은 입 아프게 말 안 해도 되니 좋겠다는 생각을 할 수도 있겠지만, 사실 자신이 지닌 생각의 프라이버시를 완전히 박탈당하는 셈이다. 사람은 자신의 무수히 많은 생각들 중에서 아주 극히 일부만을 말로 내뱉는다. 음식점에 가서 맛본 음식이 아무리 입맛에 안 맞아도 웬만해서 종업원 앞에서 "왜 이렇게 음식이 맛이 없어요?"라고 불평하는 사람은 없다. 자신이 특별한 이유 없이 부당한 대우를 받았다고 생각하기 전에는 자신의 발로 걸어 들어간 음식점에 대놓고 불평을 할 그럴듯한 이유 또한 없기 때문이다.

사토라레의 경우 생각이 고스란히 다른 사람에게 전달되기 때문에 문제가 된다. 음식을 먹고 맛이 없다고 생각하면 그런 생각을 음식점 주인이 곧바로 알게 된다. 음식점으로서는 최상의 미각비평가를 만난 것일 수도 있겠지만, 결과적으로 너무나도 솔직한 사토라레의 입장은 여간 곤란하지 않을 수 없다. 사람들 앞에서는 나의 몸을 어떻게 숨길 도리가 없다. 하지만 생각만큼은 골라서 말로 내뱉는다. 내 생각 중에 다른 사람들에게 드러내고 싶지 않은 그런 것들까지 고스란히 다른 사람들에게 전달된다면, 어쩌면 사토라레는 영원히 자신의 몸과 마음 모두를 다른 사람들로부터 숨기고 싶을지도 모른다.

그래서 영화에서는 추가적인 설정이 사토라레에게 주어진다. 하나는 사토라레가 하나같이 IQ 180이 넘는 천재들이라서 국가가 주요 인재로 보호한다는 것이다. 다른 하나는 그 보호의 일환으로 사토라레로 하여금 자신이 사토라레라는 것을 알아차리지 못하도록 법에 의해 조치를 취한다는 것이다. 그 조치란 사토라레가 새롭게 발견되는 즉시 그를 인구 3만 이하의 이른바 행복도시로 이주시킨 뒤 그곳의 모든 주민들로 하여금 사토라레 앞에서는 (설사 그의 생각이 모두 전달된다 해도) 모르는 척해야 한다는 것이다.

이쯤 되면 웃지 못할 상황이 전개됨을 어렵지 않게 예측할 수 있을 것이다. 영화의 주인공 사토미 켄이치(안도 마사노부)는 일본에서 발견된 7번째 사토라레로 어느 마을의 병원에서 레지던트로 일하고 있다. 그가 병원에 출근하는 순간 주변에 있는 사람들에게 그의 생각이 마치 라디오 생방송하듯 들리기 시작한다. '지금 출근시간에 늦었어, 젠장'이라든지 '어, 저 여자 예쁜데'와 같은 시시각각 그의 머릿속에 떠오르는 생각들이 여과 없이 반경 10미터 안에 있는 사람들에게 들려온다. 켄이치가 짝사랑하는 여자 후배 레지던트에게는 비밀스런 사랑의 마음이 전달되고, 구내식당에 모인 손님들은 오늘의 메뉴를 고를 때 켄이치가 먼저 한 숟가락 뜰 때까지 기다린다. 맛이 어떤지 그의 생각을 확인하고 싶기 때문이다.

사실 켄이치를 제외한 행복도시의 모든 사람들이 그를 속이고 있는 것이지만, 당국에서는 그렇게 하는 것이 사토라레를 위한 배려라고 생각한다. 도시의 모든 사람이 짜고 한 사람을 속이는 것이나 다름없으므로 여기서 켄이치가 심각한 인권침해를 당하고 있다는 생각이 든다. 하지만 만약 켄이치가 자신이 사토라레라는 것을 알게 되면 어떻게 될까? 영화는 친절하게도 과거에 자신의 정체를 알게 된 사토라레가 어떤 고통을 당하게 되었는지를 보여 주면서 인권침해 문제를 비켜간다.

만약 영화에서와 같이 자신의 생각이 다른 사람들에게 투명하게 전달되고 공개되는 일이 실제로도 일어난다고 해 보자. 게다가 영화보다 한걸음 더 나아가서 모든 사람의 생각이 그렇다고 해 보자. 그런 경우 어떤 일이 벌어질까? 모든 사람들이 입 다물고 아무 말 하지 않아도 우리는 다른 사람들의 생각이 귀에 들리게 될 것이다.

때때로 우리는 다른 사람의 속마음이 궁금할 때도 있다. 그 사람의 속마음을 알 수만 있다면 얼마나 좋을까 하는 생각은 사업차 사람을 대할 때나 짝사랑하는 이성을 대할 때 갖게 되는 궁금증이다. 알 수만 있다면 계약 가능성은 물론 조건에 대해서 미리 대처할 수 있을 것이고, 짝사랑을 계속해도 될지 일찌감치 포기해야 할지도 판단할 수 있을 것이다. 하지만 만약 모든 사람들의 마음이 그렇게 공개되는 일이 벌어진다면, 그것은 축복이 아니라 재앙에 가까운 일이 될 것이다.

마음속에 생각하는 바를 전부 그대로 말과 행동으로 옮기는 사람은 거의 없다. 만약 그런 사람이 있다면, 그는 매우 정직하고 솔직한 사람이거나 아니면 사회적 규범이나 제약을 아랑곳하지 않는 사람일 것이다. 그렇기 때문에 만약 우리 모두의 속마음이 고스란히 다른 사람들에게 공개되는 일이 현실화된다면, 비밀이란 존재하지 않게 될 것이다. 부도덕한 생각이나 범죄에 대한 구상 등과 같은 사람들의 비밀스런 내면이 자동적으로 공개될 것이기 때문이다. 텔레파시는 무척 편리한 소통수단일 것 같지만, 누구나 무제한적인 텔레파시 능력을 지니게 된다면 이 세상은 엄청난 혼란에 빠지고 말 것이다.

만화 혹은 영화적 상상력이 그럴듯하게 발휘되었으니까 그렇지 사토라레와 같은 존재는 있을 수 없다. 사람의 생각은 본질적으로 사적인 것이다. 만약 누군가의 생각이 사토라레의 그것처럼 공개적으로 드러날 수 있는 것이라면, 사람의 마음에 대해서 과거와는 전혀 다른 새로운 철학적 설명이 필요하게 될 것이다. 영화는 사람의 생각이 다른 사람에게 투명하게 전달되는 있을 수 없는 상황을 상정하고 있는데, 우리는 이로써 오히려 사람의 생각과 마음의 본성에 대해서 되짚어 볼 수 있는 좋은 기회를 얻게 된다.

사람들은 각자가 지닌 자신들만의 사적인 마음속의 생각을 드러내고 싶을 때 말을 하거나 글을 쓴다. 물론 혼잣말과 같은 독백도 있고 자신의 생각을 잊지 않기 위해 쓰는 일기나 비망록 같은 사적인 말과 글도 있다. 하지만 혼잣말이 되었든 일기가 되었든 일단 음성으로 공기 중에 퍼지거나 종이 위에 문자화되는 순간, 눈으로 보거나 만질 수 없는 사적인 영역에서 누구든 보고 만지고 들을 가능성이 있는 공적인 시간과 공간의 영역으로 나오게 되는 것이다.

누군가 혼잣말을 도청하거나 유명한 사람의 일기가 사후에 발견되어 책으로 출판되는 경우를 우리는 심심치 않게 볼 수 있다. 결국 말이 되었든 글이 되었든 우리 인간들이 사용하는 언어는 자신들이 내면적으로 가지게 되는 사적인 생각을 공적으로 표현하는 수단이자 도구다.

20세기의 철학자 비트겐슈타인은 바로 그런 측면에 주목한 인물이었다. 《철학적 탐구, 1953》라는 책에서 비트겐슈타인은 어떤 한 사람이 자신만이 이해하고 혼자서만 사용할 수 있는 언어가 가능한지에 대해 논의하고 있다.

아직 말을 배우지 못한 어린아이가 아장아장 걷다가 넘어졌다고 하자. 그는 얼굴을 찡그리며 소리 내어 울 것이다. 말을 할 줄 모르기 때문에 자신이 아프다는 사실을 엄마나 다른 어른들에게 알릴 방법이 달리 없기 때문이다. 아픔을 느끼는 통증은 아이가 마음속으로 느끼는 것이기 때문에 다른 사람들은 볼 수 없다. 아이가 너무나 심한 통증을 느끼는데 말도 하지 않고 소리 내어 울지도 않는다면, 어른들은 그가 아픈지 어떤지 알 방법이 없을 것이다. 통증은 사적인 것이다.

다행히 울음소리를 들은 엄마가 아이에게 다가가 "넘어져서 다쳤구나. 많이 아프니?"하고 말하면서 아이를 치료하고 달래 준다. 이러한 과정을 통해서 엄마는 아이에게 사적인 통증을 밖으로 나타내는 울음이나 찡그림과 같은 행동 외에 효과적으로 표현할 수 있는 '아픔'이라는 통증의 언어를 가르치는 것이다. 아이는 아파서 울 때마다 엄마와 다른 어른들이 '아픔'이라는 말을 사용하는 것을 보고 이 통증의 언어를 배우게 된다. 그래서 다시 넘어져서 아픔을 느낄 때 우는 대신 "엄마, 나 넘어졌어. 아파"라고 말하게 되는 것이다.

비트겐슈타인은 생각이나 통증과 같이 사람의 마음속에서 경험하게 되는 것들은 사적인 경험이라고 생각했다. 통증은 너무나도 사적인 것이라서 다른 사람에게 나의 통증을 대신 느끼도록 빌려 주거나 양도할 수도 없다. 그래서 다른 사람도 나와 동일한 통증을 느끼는지 아닌지 확인할 뾰족한 방도는 없어 보인다. 하지만 그렇다고 해서 다른 사람에게는 통증이나 마음이 아예 없다고 볼 좋은 이유도 없다. 우리가 사용하는 언어는 사람들의 사적인 생각이나 통증을 효과적으로 공적인 영역으로 담아 옮길 수 있기 때문이다.

영화 속 사토라레인 켄이치는 세 살 때 비행기 추락 사건에서 극적으로 구조된 유일한 생존자다. 사고의 아수라장에서 구조대원들이 그를 구해 낼 수 있었던 것은 그가 사토라레였기 때문이다. '엄마, 아빠. 살려주세요' 라는 어린 켄이치의 생각이 구조대원들에게 들린 것이었다. 이처럼 말을 하지 않고서는 살아날 수 없는 상황에서는 사토라레인 것이 축복일 것이다. 하지만 그런 극히 예외적인 상황을 제외하고는 사토라레는 영혼을 발가벗긴 채 세상에 내던져진 경우나 다름없다.

사람들 각자에게 마음은 사적인 영역이며 각각은 몸에 의해 고립되어 있다. 하지만 사적이고 고립되어 있다고 해서 그리 외로운 것만은 아니다. 언어를 통해서 다른 사람들과 서로의 생각을 나눌 수 있기 때문이다. 물론 마음이 직접 보이는 것이 아니라서 오해가 일어나기도 하고 생각이 왜곡되어 전달되기도 한다. 물론 거짓말과 사기의 가능성도 농후하다.

하지만 이 모든 것은 우리 인간에게 주어진 숙명과도 같은 것이며 그래서 지극히 인간적인 것이기도 하다. 영화 〈사토라레〉를 보며 켄이치에 대해 측은한 마음이 들었던 것도 그 때문일 것이다. 나의 마음을 직접적인 대화로 전달하고 싶지 않다면, 나는 시를 쓸 수도 있고 노래를 부를 수도 있다. 예술이라는 것은 사적이고 내밀한 나의 마음을 다른 사람들에게 보여 주거나 표현할 수 있는 또 다른 인간적인 수단인 것이다.

식탁에 앉아서 침묵의 식사를 계속하던 우리 가족에게 말을 걸 시간이 다가왔다. "수아야, 이제 빨리 식사 끝내고 씻어야지. 학교 늦겠다." 말은 그렇게 하지만 사토라레 생각을 하고 나니 가급적이면 그렇게 다그치는 말은 자주 하지 말아야겠다는 생각이 든다. 오늘도 서두르라는 아빠의 말에 딸 아이는 속으로 이렇게 생각할지도 모른다. '아이, 아빠는 오늘도 또 빨리빨리 하라고 다그친다. 아빠가 싫다.'

만약 나의 딸이 사토라레라면, 그 생각을 듣게 될 나의 마음은 우울할 것이다. 그러니 영화 〈사토라레〉의 교훈은 오히려 다른 데 있을 수도 있겠다. 우리가 알고 지내는 모든 사람들의 생각을 우리는 모르고 지낸다. 하지만 그 모든 사람들의 생각이 생생하게 내 귀에 들려온다면, 내가 그들에게 어떤 존재인지를 싫어도 매일같이 확인하면서 살게 될 것이다. 그렇다면 어디 나에 대한 좋은 생각들만 들리겠는가.

다행히 우리는 다른 사람들의 생각을 들을 수 없다. 내 딸과 아내의 생각 또한 내게 들리지 않는다. 안들리더라도 만약 들린다면 미소 지을 수 있는 생각만 들릴 수 있도록 행동하는 것이 좋지 않을까? '사랑해요'나 '행복해요'와 같은 생각들만 들리도록 그렇게. ◕

왓 위민 원트 (What Women Want, 2000), 낸시 마이어스 감독

보통 남성들은 직장에서 여성 상사 밑에서 일하는 것에 부담을 느끼기 쉽다. 영화 〈왓 위민 원트〉의 주인공 닉 역시 그런 사례에 해당한다. 게다가 그 상사가 자신이 승진해야 할 자리를 차지했다면, 자존심 강한 남자 주인공으로서 부담을 넘어 불편함을 느끼기에 충분하다. 그런데 정말 우연한 사고에 의해 닉에게 실력으로 여성 상사 달시를 밀어낼 기회를 얻게 된다.

〈왓 위민 원트〉는 〈사토라레〉처럼 자신의 생각이 다른 사람들에게 전달되는 것이 아니라, 그와 반대로 다른 여성의 속마음이 귀에 들리는 남성의 이야기다. 여성의 마음을 제대로 알게 된 닉이 여성용 상품 광고 기획에서 탁월한 능력을 발휘하게 된다는 설정이다. 물론 그런 상황은 상상할 수는 있겠지만 일어날 수 없는 일이다.

우리는 가끔 텔레파시가 가능한 상황에 대해 상상하기도 한다. 그러나 만약 말없이 생각의 전이가 가능해진다면, 생각의 사생활은 보장될 수 없게 될 것이고 지금까지와는 완전히 다른 사람들의 삶이 펼쳐질 것이다. 거짓말이라는 것도 없어지고, 외교적 표현이라는 것도 무의미해 질 것이며, 외면적인 태도보다는 내면의 의도를 더 문제 삼는 세상이 될 것이다. 그러니 다소 불편하더라도 언어로 의사소통하는 것이 그리 나쁘지만은 않아 보인다.

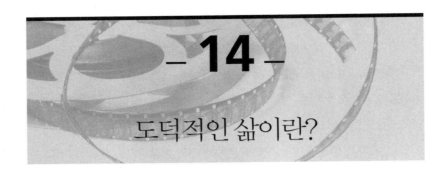

14

도덕적인 삶이란?

매드 디텍티브
(神探, 2007)
두기봉, 위가휘 감독

"더욱 자주, 더욱 진지하게, 생각하면 할수록 항상 새롭고 감탄과 경외
로 마음을 가득 채우는 두 가지가 있다. 내 위의 별이 빛나는 하늘과 내
안의 도덕법칙이 바로 그것이다."

칸트의 묘비명에 새겨져 있다는 위의 글을 볼 때마다 생각나는 것
이 있다. 벌써 20년 가까이 된 일이다. 미국에서 대학원을 다닐 때 박
사학위 논문을 쓸 자격을 얻기 위해서 여러 과목의 시험을 보아야 했
는데, 그중의 하나가 외국어 시험이었다. 독일어를 선택한 나는, 봄
학기를 마무리한 5월의 어느 금요일, 오전 내내 독일어 텍스트를 영어
로 번역하는 시험을 보았다. 문제지를 받아든 순간 번역해야 할 지문
에서 나는 위의 문구를 발견할 수 있었다. 칸트의 3대 비판서 중의 하

나인 《실천이성비판》의 결론 부분이었던 것이다.

　두 시간 동안 진땀을 흘리며 번역한 기억 때문인지 "별이 빛나는 하늘"이나 "도덕법칙"이라는 표현이 가지는 의미는 나에게 남다르다. 그래서였을까? 얼마 전 영화 〈매드 디텍티브〉를 보면서 칸트가 떠오르면서 그 구절이 생각났다. 영화는 제목이 암시하듯이 홍콩의 어느 미친 형사에 대한 이야기다. 직장에서 해고되고 정신과에서 약을 처방받는 것으로 보아 번 형사(유청운)는 미친 것처럼 보이지만, 영화는 그를 미쳤다기보다는 일종의 초능력을 가진 사람으로 그리고 있다.

　사람들이 그를 미쳤다고 하는 이유는 수사관인 그의 눈에는 사람들의 다른 인격(들)이 보인다는 점, 그리고 바로 그런 그만이 느끼는 현상을 기초로 하여 범죄를 해결하려고 한다는 점에 있다. 그는 사건—특히 살인사건—을 해결하기 위해서 피해자가 처한 상황과 유사한 상황에 자신을 놓이게 함으로써 사건 당시 무슨 일이 일어났는지에 대한 영감을 얻는다. 또한 그는 외견상 선해 보이는 사람일지라도 경우에 따라서는 그 안에 선하지 않은 다른 인격이 같이 살고 있다고 믿는다. 사람을 볼 때 그의 눈에는 원래 인격과 악한 행동을 부추기는 다른 인격이 보이기 때문이다.

　영화는 왕 형사 실종사건을 수사하는 호 형사(안지걸)가 번 형사를 찾아가서 도움을 청하고 번 형사가 그에 응해서 사건을 해결해 가는 과정을 그리고 있다. 번 형사는 왕 형사의 파트너였던 치와이(임가동)를 범인으로 지목한다. 번 형사의 눈에는 치와이가 치와이로 보일 때도 있지만, 그가 지녔다고 여겨지는 일곱 개의 다른 인격으로 보이기도 한다. 그 다른 인격에는 겁쟁이 뚱보도 있고, 과격하게 총부터 내미는 행동파도 있으며, 냉정하게 사리를 따지는 미모의 여성도 있다.

매드 디텍티브 (神探; Mad Detective, 2007)

그래서 음식점 화장실에서 위협을 느낀 치와이가 번 형사를 때려눕히고 총을 들이댔을 때, 번 형사의 눈에는 자신에게 총을 겨누는 치와이가 보이는 게 아니라 총을 겨누는 과격한 행동파, 그를 만류하는 미모의 여성과 그 옆에서 떨고 있는 겁쟁이 뚱보, 그리고 나머지 네 명의 인격이 서로 티격태격하는 모습이 보인다.

그러나 호 형사를 포함해서 다른 사람들의 눈에는 그렇게 보일 리가 없고, 차츰 호 형사는 일곱 명의 인격 운운하는 번 형사를 미친 사람으로 여기게 된다. 실은 번 형사는 옆에 있지도 않은 아내 메이가 마치 옆에 있는 듯이 대화하고 행동하는데, 호 형사는 그 점이 특이하다고 생각은 했지만 아내와 사별한 충격에 그런 행동을 하고 있다고 여겨 별달리 의심을 하지 않았다. 그러다 우연히 살아 있는 메이를 만나고 나서 점점 번 형사의 정신 상태를 의심하게 된다. 메이로부터 번 형사는 정신과 치료를 받고 있으며, 그와는 이혼했다는 이야기를 듣게 되었기 때문이다.

번 형사가 실제로 미쳤다 하더라도 영화의 원제(〈神探〉)가 말하듯 그에게는 신통한 능력이 있음에 틀림없다. 사람의 겉모습만으로는 그 사람이 범인인지 아닌지 전혀 알 수 없다. 그러나 그 사람의 내면의 인격과 그 인격의 목소리를 보고 들을 수 있다면 사정이 달라질 수 있다. 특히 피해자가 처한 상황을 재연하여 어떤 일이 일어났는지에 대한 정황까지도 파악할 수 있다면 말이다. 그래서 조금 단순하게 본다면, 이 영화는 앞 장에서 다룬 영화 〈사토라레〉와 반대로 다른 사람들의 속마음을 읽을 수 있는 능력을 지닌 형사의 이야기인 것이다.

우리는 살아가는 데 있어서 생각을 하고, 말을 하며, 행동을 한다. 말하고 행동하는 것은 눈으로 보고 귀로 들을 수 있다. 그렇게 하는 사람을 확인할 수도 있다. 그러나 그 사람이 무슨 생각을 하고 있는지에 대해서는 정확하게 알 수 없다. 물론 사람들이 거짓말을 하지 않고 대체로 진실만을 말한다고 가정할 때, 우리는 다른 사람의 생각을 어느 정도 안다고 말할 수 있다. 그러나 100% 확실하고 정확하게 안다고는 말할 수 없다. 그래서 사람들 사이에 눈에 보이지 않는 신뢰가 중요한 것이다. 특히 부부 관계에서는 속이지 않고 진실한 관계를 유지하겠다는 서로 간의 신뢰가 무척 중요한 덕목이다. 상대방의 마음을 속속

들이 다 알고 싶지만, 그렇게 하는 것이 불가능하므로 확인할 수 없는 부분에 대해서는 그냥 믿을 수밖에 없는 것이다.

사적인 관계가 아닌 공적인 차원으로 넘어오게 되면 사람들의 내면은 정말이지 일일이 확인할 수 없는 영역이고 행동의 결과만을 중요시하게 된다. 형법에 규정된 범죄의 성립 요건에서도 어떤 사람이 범죄의 요건에 해당하는 행동을 했는가를 문제 삼고, 사법기관에서도 그 행동의 결과에 대해 처벌하는 것이지, 그 사람의 생각을 처벌하는 것은 가능하지도 않고 그렇게 해서도 안 된다.

예를 들어 나를 너무 못살게 구는 직장 상사가 있다고 하자. 계속되는 부당한 지시와 인간적 모욕감에 순간적으로 그 상사를 때려 주고 싶은 생각이 들었다고 하자. 어제도 그런 생각이 들었고, 오늘도 그런 생각이 들었으며, 지난 일주일간 그 상사를 보기만 하면 그런 생각이 들었다고 하자. 그래서 "박과장, 일 좀 똑바로 해!"라고 소리치면서 서류뭉치를 집어던지는 상사를 더 이상 참지 못하고 심하게 폭행한다면, 아마도 나는 폭행죄로 처벌당할 수 있을 것이다. 하지만 아무리 속으로 상사를 폭행하고 싶다고 백날 생각한다 해도 실제로 행동으로 옮기지만 않는다면 나는 처벌당하지 않는다. 불법적인 '행동'을 하지 않았기 때문이다.

결국 남의 돈을 훔치고 싶다든가, 누구를 때리고 싶다든가와 같은 범죄를 저지르고 싶다는 생각은 누구나 한번쯤 가져봄 직한 생각이며 그러한 생각만으로는 처벌받지 않는다. 생각만으로는 실제로 어느 누구에게도 해를 끼치지 않기 때문이다. 그러한 생각이 행동으로 옮겨졌을 때 비로소 책임의 문제가 발생한다. 이처럼 실제로 범죄 행위가 벌어지고, 그 행위에 대한 책임을 물을 때 비로소 그러한 행동을 저지른 사람의 인격이 문제시될 수 있다.

그래서 범죄와 관련된 뉴스나 신문 기사를 보면 종종 범행 동기가 무엇이었는가에 대해서 경찰이 설명하는 내용이 나오는 것이다. 왜 그런 범죄를 저질렀는가에 대해서 묻는 것은 그저 사소한 관심 이상의 문제인데, 그것은 범죄를 저지른 신체가 기계적으로 행동한 것이 아니라 자발적인 인격을 지닌 주체의 의지에 따라 그렇게 한 것인지의 여부가 책임을 묻는 데 있어서 중요하기 때문이다.

사실 이 모든 생각은 서양에서 근대의 시작과 더불어 나타난 것이다. 근대는 이른바 "자아의 발견"이라는 말로 대변되는 시기다. 데카르트가 "나는 생각한다, 고로 존재한다"에서 말하고자 한 것은 모든 앎의 시작은 외부로부터 오거나 교회와 같은 다른 권위로부터 오는 것이 아니라 나 스스로 생각하는 능력에서 비롯한다는 것이었다. 이제 집단이나 공동체보다는 개인의 중요성이 부각되기 시작한 것이다. 결국 개인의 자유로운 생각과 행동이 그 어느 때보다 강조되기 시작하자 그에 따른 책임도 중요하게 부각되기 시작했다.

자유로운 개인이 자기 마음대로 행동하다가 다른 사람에게 피해를 입혔을 때, 그 사람을 처벌하기 위해서는 그 사람에게 책임이 있다는 것을 보여야 한다. 이를테면 범죄를 저지르는 장면의 목격자가 있다면, 그것은 그 사람에게 책임을 물을 수 있는 좋은 이유가 될 수 있을 것이다. 그러나 특정인이 목격되었다는 것만으로는 충분하지 않다. 드물게 일어나는 상황이기는 하지만, 그 사람이 제정신이 아닌 상태에서 범행을 저질렀을 수도 있기 때문이다. 그 사람이 정신이상자인 경우가 그에 해당한다. 그 경우 정상 상태의 인격이 아니라고 판단되기 때문에 그를 처벌하지 않는다.

앞서 형법에서 범죄가 되기 위해서는 생각만으로는 안 되고 범죄의 구성 요건에 해당하는 행위가 있어야 한다고 했다. 그 외로도 범죄가 성립하기 위해서는 위법성이 있는 행위여야 한다. 예컨대 교도소의 사형집행인은 사람을 죽이더라도 범죄자가 되지 않는데, 그것은 그의 행위가 법률에 따른 행위라서 위법성이 없기 때문이다. 범죄가 성립되기 위한 마지막 요건은 바로 책임성이다. 어떤 사람의 행위가 형법상 처벌 가능한 행위이고 위법성이 있다 하더라도 그가 다중인격과 같은 정신장애를 지니고 있다면 그 사람의 행위에 책임을 물을 수는 없다는 것이다.

물론 다중인격 장애와 같은 경우는 〈매드 디텍티브〉의 번 형사의 눈에 보이는 용의자의 다른 인격과는 다르다. 다중인격 장애를 겪는 사람은 자기와는 또 다른 인격에 사로잡힐 때, 그 인격에 의해 행해진 행동은 전혀 인식하지 못한다고 한다. 그래서 이러한 장애를 겪는 어떤 사람이 평소와는 다른 인격에 사로잡혀 포악한 살인을 저지른다 하더라도 그 상황이 지난 후 원래의 인격은 자신(의 다른 인격)이 무슨 일을 저질렀는지 기억하지 못한다.

영화 〈프라이멀 피어〉는 다중인격 장애와 같이 정신질환자의 범죄는 그것이 살인죄라 할지라도 치료의 대상이지 처벌의 대상이 아니라는 것을 소재로 한 영화로, 살인을 저지른 19세 소년과 그를 구하려는 변호사의 (헛된) 노력을 그린 범죄 심리 스릴러다. 막판의 놀라운 반전이 매력적인 이 영화는 사람의 내면을 정확히 알아내는 것이 과연 가능하고 신뢰할 만한 것인가에 대해 반문하고 있다.

이처럼 근대 이후에 개인이 등장하고 개인의 행동에 대한 책임을 묻게 되면서 법적인 관점에서는 정확하게 알 수 없는 인간의 내면에 대해서는 최소한의 요건만을 확인하고 있다. 즉, 범죄를 저지른 사람이 자발적으로 의지하고 행동할 수 있는 정상적인 인격을 지니고 있는지가 확인된다면, 그 사람은 자신의 행위에 대한 책임으로부터 면제될 수 없다. 범죄자가 범행 시에 무슨 생각을 했으며, 범행 후에는 어떤 생각을 하고 있는지는 처벌에 있어서 참고사항이 될 수는 있겠지만 그리 중요한 요소가 될 수는 없다.

그래서 다시 원점으로 돌아와서 누군가가 마음속에서는 돈을 훔치고, 강도짓을 하고, 살인을 저지르는 등 별의별 상상을 다 한다 하더라도 실제로 행동으로 옮기지는 못하고, '돈을 훔치면 벌 받을 테니 욕심이 나도 참아야지'라고 생각하고 말았다고 하자. 돈을 훔치고 싶은 내면적 유혹이 있었는지는 몰라도 그저 상상만 했으므로 그는 결코 범죄자가 아니며 따라서 처벌받지 않는다. 반면에 가난한 사람들을 돕기 위해 탐욕스런 부자의 돈을 훔치는 사람은 설사 그 동기가 나쁘지 않다 하더라도 그가 한 행동이 부자에게는 직접적인 피해를 주기 때문에 처벌받게 된다.

자, 이제 법적인 문제는 뒤로 하고 다른 각도에서 문제를 바라보도록 하자. 인간사의 모든 것을 법으로 따질 수도 없고 그럴 필요도 없다. 경우에 따라서는 법 이전에 도덕적인 차원을 생각해 볼 수 있다. 법적으로는 문제가 없지만 도덕적으로 문제가 되는 경우가 있다. 예를 들어 멜라민과 같은 인체에 유해한 독소가 들어 있는 과자를 제조 혹은 판매하는 제과회사나 대형 마트에서 유해물질 발견 사실을 인지하고도 시중에서 판매되고 있는 제품의 회수에 소극적인 자세를 취한다면 도덕적인 비난을 피할 수 없을 것이다. 반대의 경우로 너무 배가

고파 빵을 훔친 어린 아이의 경우를 생각해 볼 수 있다. 이는 분명 절도죄에 해당하지만, 그 동기를 생각하면 그 아이를 도덕적으로 비난만 할 수 있을까?

마찬가지로 온갖 범죄에 대해서 상상만 하고 실제 행동에는 옮기지 않는 사람의 경우를 보자. 그가 범죄자가 아닌 것은 분명하다. 그렇다면 과연 그는 도덕적이라고도 할 수 있을까? 물론 답하기 쉬운 물음은 아니다. 일단 그는 그저 나쁜 행동에 대한 상상만 했을 뿐이다. 따라서 어떤 부도덕한 행동을 한 것도 아니기 때문에 그를 부도덕하다고 비난할 수도 없을 것처럼 보인다. 윤리학에서도 행동의 결과만을 가지고 선과 악을 판단해야 한다고 보는 입장이 있다. 공리주의가 대표적인 사례인데, 공리주의는 어떤 행동의 도덕적 가치는 그것이 가능한 많은 사람들에게 행복이나 쾌락을 증진시키는가의 여부에 달렸다. 즉 어떤 사람의 행동이 많은 사람들의 행복에 도움이 되는 것이라면 선한 행동이고, 그렇지 않고 불행이나 고통을 증대시키는 것이라면 악한 행동인 것이다.

공리주의에 따른다면, 결국 어떤 행동의 도덕적 가치는 그 결과에 의해서 결정되는 것이다. 어떤 행위의 동기나 의도는 도덕적인지 아닌지를 규정하는 데 있어서 아무 역할도 하지 않는다는 것이다. 따라서 공리주의의 원리가 지배하는 사회에서는 결과적으로 그 사회 구성원의 최대다수에게 최대행복을 주는 것이 도덕적으로 선한 행동이고 좋은 제도가 된다. 이러한 생각은 그럴듯해 보이지만 문제가 전혀 없는 것은 아니다.

일례로 겉과 속이 다른 유력 정치인을 생각해 보자. 그는 인종차별에 반대하고, 빈민구제를 위한 봉사활동에 헌신적이었으며, 명망가들의 사회적 책임을 늘 강조하며 누구보다도 모범적으로 행동해 왔다. 그런데 그의 속마음은 그의 행동과 사뭇 다르다. 그는 노예제도가 있었던 시대가 가장 좋은 시대였으며, 빈민들은 게으르고 못나서 가난에 빠진 것이지 사회가 그들을 도울 이유는 전혀 없다고 생각하고 있다. 그리고 자신처럼 사회적 지위가 높은 사람들은 보통 사람들보다 더 많은 특권을 누려야 한다고 생각한다. 다만 정치적인 성공을 위해서 자신의 생각과 정반대로 행동해 왔을 뿐이다. 이때 우리는 그를 도덕적이라고 불러야 할까?

공리주의에서는 행위의 결과만을 보기 때문에 그 정치인은 매우 도덕적인 사람이 될 것이다. 어차피 사람의 속마음을 정확하게 알 수 없을 바에는 그러한 행동의 동기나 의도를 문제 삼는 것은 자칫 위험할 수도 있다. 속마음을 전혀 드러낸 적이 없이 결과적으로 선행을 해 온 그 정치인을 무슨 근거로 겉과 속이 다른 사람이라고 비난할 수 있겠는가? 비단 그 정치인뿐 아니라 평범한 일반인들도 실제 행동과 행동의 동기가 일치한다고만 볼 수는 없을 것이다.

오히려 공리주의에 문제가 있다면, 그것은 상식적으로 받아들이기 어려운 행동이나 제도도 결과의 효용성 때문에 도덕적으로 아무 문제가 없는 것으로 여겨질 수 있다는 데 있다. 종종 지적되는 바와 같이 공리주의는 노예제도를 정당한 것으로 만들 수도 있다. 누구에게나 존엄한 인권이 있으므로 사람을 수단으로 이용하거나 사고파는 것은 용납될 수 없다. 하지만 소수의 노예를 부리는 것이 그 사회의 최대의 행복을 증진시키는 일이라면 결과적으로 사람을 사고팔고 노예로 만드는 것도 도덕적인 행동이 될 수 있다. 사람을 도구화하는 것이 괜찮다고 생각하건 나쁘다고 생각하건 그러한 부분은 고려의 대상이 아니다.

이처럼 행동의 결과만을 고려하는 공리주의와 달리 칸트의 윤리학은 결과 이전의 동기가 중요하다는 생각에서 출발한다. 칸트는 무조건적으로 좋은 것, 즉 어떤 목적의 수단으로서가 아니라 그 자체로 좋은 것이 있는데 그것을 바로 선의지라고 한다. 공리주의에서 말하는 행복의 증진 역시 그 자체로 좋은 것은 아닌데, 행복은 그 자체로 절대적인 것이 아니며 상대적일 뿐이기 때문이다. 그래서 칸트는 추구해야 할 절대적인 최고의 가치는 행복이 아니라 선의지라고 한다.

선의지를 설명하는 하나의 방식으로 칸트는 의무를 이야기하고 있다. 사람이 의무 의식에서 의욕하고 행동할 때 선의지가 있다는 것이다. 여기서 의무 의식에서 행동한다는 것은 단지 '의무에 맞는' 행동과는 다르다. 칸트의 기준에 따르면, 어떤 사람이 돈을 훔치고 싶지만 들켜서 처벌될 것이 두려워서 훔치지 않는 행동은 그저 의무에 부합하는 행동일 뿐 의무 의식에서 나온 행동은 아니다. 칸트는 그러한 행동은 도덕적이지 않다고 한다. 대신 돈을 훔치는 것이 나쁘다는 의무 의식에서 훔칠 생각을 갖지 않는 것이 도덕적인 것이다. 불우이웃 돕기를 하는 경우에도 생활이 어려운 사람들에 대한 동정심에서 그렇게 한다면, 이는 도덕적이지 않다. 오로지 어려운 사람을 돕는 것이 의무라는 생각에서 우러나온 행동만이 도덕적이라는 것이다. 즉 어떤 행동의 결과보다는 그러한 행동을 하게 한 동기가 더 중요하다는 생각인 것이다.

칸트는 이러한 선의지와 의무감을 떠받치는 것이 도덕법칙이라고 한다. 앞에서 영화 〈늑대와 춤을〉에 대해서 이야기 하면서 언급했듯이, 칸트는 이른바 정언명법을 통해 자신의 도덕법칙을 정식화하고 있다. 어려운 이야기를 단순화해서 쉽게 풀면, 정언명법이란 누구나 보편적으로 받아들일 수 있는, 그리고 반드시 받아들일 수밖에 없는 그런 도덕적 규칙이다. 그것은 내가 당했을 때 싫다고 생각할 행동을 다른 사람에게 하지 말라는 것이다.

이를테면 누가 나의 물건을 훔친다면 나는 당연히 싫어할 것이다. 누가 나에게 상해를 입혀도 마찬가지일 것이다. 누가 나에게 거짓말을 해도 그럴 것이다. 그런 일은 다른 사람들에게도 하지 말라는 것이다. 그런 도덕법칙은 보편적으로 받아들여질 수 있는 것이니 그런 것들을 지켜야 한다는 의무감에서 행동하라는 것이다.

이런 생각에서는 행동의 결과보다는 동기를 중시할 수밖에 없다. 행동의 결과만을 고려한다면, 어떤 행동은 그 결과가 좋기만 하면 사람들이 마땅히 지켜야 할 의무와 일치하지 않은 경우에도 도덕적이고 선한 것으로 여겨질 수 있기 때문이다. 칸트는 의무감을 떠받치는 것이 도덕법칙이고 누군가 그러한 내적인 원리로부터 행동할 때, 그리고 오직 그 경우에만 도덕적이라고 생각한 것이다.

물론 이러한 생각은 때로는 공리주의가 가져올 수 있는 문제점—예컨대 노예제도를 정당화하는 것—으로부터 자유롭다. "사람을 오로지 목적으로만 대해야 한다"라는 도덕법칙에 따른 행동은 결코 노예제를 도덕적으로 용납할 수 없을 것이기 때문이다. 그러나 이러한 생각은 도덕법칙에 따른 의무에 대해서 예외를 허용하지 않기 때문에 문제가 발생할 수 있다. "거짓말을 하지 말라"와 같은 경우가 그렇다. 누구든 상대방이 자신을 속이는 게 싫을 것이기 때문에, "거짓말을 하지 말라"는 보편적인 도덕법칙이 될 수 있다. 그러나 칸트의 생각대로라면 이른바 선의의 거짓말이라는 것도 용납되어서는 안 된다.

또한 행동의 결과보다는 동기를 중시하는 입장에 설 때, 대부분의 사람들은 지나치게 내면적 도덕성을 요구받는 느낌을 갖게 될 것이다. 인간은 욕망을 가진 존재이며, 불완전한 존재이기 때문에 문제가 되는 것이다. 그러한 욕망을 통제하고 더 완전한 존재가 되어야 한다고 말하는 것은 괜찮지만, 내면적인 의무 의식을 강조하는 것은 지나치게 높은 도덕적 기준을 강요하는 것일 수도 있다.

아주 오래 전부터 동서양을 막론하고 인간에게 내재된 본성에 대한 논의가 무성했다. 인간은 선한 존재인가, 악한 존재인가의 논의도 있었으며, 선과 악이 공존한다는 생각도 있어 왔다. 앞서 든 다중인격 장애와는 조금 다른 이야기이지만, 로버트 스티븐스의 소설 《지킬 박사와 하이드씨》는 그렇게 누구나 가지고 있을 선한 본성과 악한 본성의 양면성을 극적으로 대비하여 보여 주고 있다고 하겠다.

사람들은 어떤 사람이 낮에는 선한 과학자의 모습을 했다가 밤에는 포악한 살인마로 돌변할 수 있으리라고는 상상조차 하지 못한다. 하지만 소설은 경우에 따라서는 아주 선해 보이는 사람도 악마로 돌변할 수 있다는 것을 보여 준다. 물론 대개 그렇게 돌변하는 것은 아니겠지만, 어쩌면 많은 경우에 사람들의 마음속에서는 선한 자아와 악한 자아가 끊임없이 힘겨루기를 하고 있는지도 모른다. 들키지 않는다면, 그래서 아무도 모를 것이라면 누구나 순간적으로 부정을 저지르고 싶은 내면적 유혹의 속삭임에 솔깃할 수 있다.

내 안에 살고 있는 선한 나와 악한 내가 고민하고 있다. 악한 내가 유혹한다.

"다른 회사의 기술을 몰래 빼내어 올 수만 있다면 우리 회사도 성공할 거야."

선한 내가 답한다.

"하지만 그런 불법적인 일을 해서는 안 된다고."

악한 내가 받는다.

"성인군자 났네. 회사 문 닫고 후회할 바에는 한탕 크게 하는 거야."

선한 내가 답한다.

"아무리 힘들어도 범죄를 저질러서는 안 되는 거라고."

이렇게 몇 차례 주고받다가 악한 내가 양보한다.

"그래. 이번에는 어떻게 버텨 보자. 하지만 더 어려워지면 그때는 한번 고려해 보는 거야."

나의 마음속 선한 목소리는 결국 칸트의 기준에서 선의지를 가지고 도덕적인 판단을 하고 있다. 악한 목소리의 유혹이 있었지만 이겨 내고 행동에 있어서도 도덕적인 기준에 맞게 행동했다. 문제는 누구에게나 악한 목소리가 있을 수 있다는 것이고, 때로는 악한 목소리가 선한 목소리를 누르고 그 사람의 행동의 동기가 될 수도 있다는 것이다. 칸트의 기준대로라면, 그야말로 마음을 잘 다스려서 의무감에서 도덕법칙에 어긋나지 않게 행동하지 않고서는 도덕적인 사람이 될 수 없는 것이다.

법을 잘 지키고 도덕적으로 행동하는 많은 사람들도 인간이기 때문에 때로는 유혹의 목소리에 현혹될 수 있으며, 때로는 겉과 속이 다른 정치인처럼 자신의 이익만을 위해서 선한 행동을 하는 사람도 있을 수 있다. 그런 점에서 칸트는 확인이 쉽지 않은 동기를 중요시함으로써 너무 높은 도덕성의 기준을 제시한 느낌을 준다.

영화 〈매드 디텍티브〉는 대부분의 사람들이 내면적으로 겪을 법한 선과 악의 목소리들을 사람의 모습으로 보여 주면서 그 모습에 '인격'이라는 이름을 붙였다. 물론 영화가 보여 주는 인격에는 선과 악의 인격만 있지는 않다. 겁먹은 인격도 있고, 과격한 인격도 있으며, 아이의 인격도 있다. 그러나 번 형사가 경찰서장의 정년퇴임을 기념하면서 자신의 귀를 잘라서 선물한 이유가 "그 나이에 다른 인격이 보이지 않는 유일한 사람이었기 때문"이라고 말하고 있듯이 영화의 초점은 인간의 도덕적인 측면에 맞추어져 있다.

《논어》 "위정편"에 나이 일흔이 되어서는 무엇이든 하고 싶은 대로 하여도 법도에 어긋나지 않았다는 말이 나온다. 공자는 70의 나이에 마음속 모든 유혹의 목소리가 사라지는 경지에 이르렀다는 것이다. 공자에게도 70년의 세월이 걸렸으니 그 시대보다 훨씬 복잡해진 오늘날 보통 사람들에게 그러한 경지가 과연 가능한 것인지 되묻게 된다. 〈매드 디텍티브〉는 마지막 장면에서 회의적인 답변을 내놓는다. 그렇다면 우리는 어떻게 해야 할까? 그것이 바로 영화를 통해 철학적으로 생각하는 훈련의 마지막 단계에 주어진 숙제라고 생각하면 어떨까? ❡

체인징 레인스 (Changing Lanes, 2002), 로저 미첼 감독

영화의 주인공은 아침부터 자동차 사고가 나지만 법정 출두 시간에 늦어 사고 현장을 도주하다시피 떠나고, 직장 상사에게는 그 날의 첫 마디를 거짓말로 시작한다. 게다가 잘 알지도 못하는 사람을 의도적으로 파산시키는가 하

도덕적인 삶이란?

면, 업무상 파일을 몰래 보기 위해 직장 건물에 거짓 화재 경보가 울리게 한다. 뿐만 아니다. 자선 재단을 부당하게 사취하는 데 앞장서고, 수탁위임장을 위조할 마음까지 먹게 된다.

이 이야기의 주인공은 월 스트리트의 변호사다. 그리고 이 모든 일이 일어난 날은 예수가 십자가에 못 박힌 날을 기념하는 성 금요일(Good Friday)이다. 사람들은 때로는 자신이 하는 행동이 도덕적으로 비난받아 마땅하다는 것을 알면서도 그렇게 한다. 학교에서 가르치는 도덕 수업과 현실은 다르다는 것이 그들의 행동을 합리화하는 논리다. 그런데 어떤 사람들은 자신의 행동이 부도덕한 것인지를 모르고 그렇게 하는 경우도 있다. 문제는 아무 생각 없이 한 행동이 부도덕한 것이었음을 알게 되었을 때 어떻게 할 것인가 하는 것이다.

영화 〈체인징 레인스〉는 그러한 상황에 직면한 한 젊은 변호사의 도덕적 딜레마를 절묘하게 드러낸다. 겉보기에 스토리 라인은 어느 금요일 아침에 각각의 일로 법정을 향하던 두 사람의 차가 접촉사고를 일으키고, 사고 해결이 제대로 되지 않은 상태에서 서로의 감정싸움이 복수극으로 치닫는 내용을 담고 있는 듯하다. 그러나 영화는 그러한 줄거리 안에 심어 놓은 거짓말, 위조, 사기, 회유, 협박 등의 장치를 통해 현실 세계에서의 도덕 수업을 시도하고 있다.